더 쉽고 더 맛있게
고단백 저탄수화물
다이어트 레시피

미니 박지우 지음

위즈덤하우스

PROLOGUE

생각의 차이가 다이어트의 성공과 실패를 나눈다!

AFTER

"생각의 차이가 다이어트의 성공과 실패를 나눈다!"는 말은 제가 생각하는 다이어트의 법칙이에요. 저는 과거에 언제나 날씬해지기를 꿈꾸는 다이어터였지만, 맛있고 살찌는 음식의 유혹에 쉽게 넘어가곤 했어요. '내가 음식을 먹는 게 아니라 음식이 나를 먹어버린다'고 표현할 만큼, 과식과 폭식을 일삼던 사람이었죠. 또 학창시절부터 운동신경이 없던 제 모습을 떠올리며 운동은 힘들고 귀찮은 일이며 나와는 절대 맞지 않는 행위라고 단언했어요.

하지만 조금 다르게 생각하고 다이어트에 임하니 새로운 나를 만날 수 있었어요.
맛있는 음식을 좋아하는 장점을 살려, 다이어트 음식을 만들면서 건강한 식재료 안에서 맛 좋은 조합을 찾아냈어요. 그렇게 싫어하던 운동조차 귀찮음을 딱 한 번 무릅쓰고 도전해보니 무엇 하나 이루기조차 힘든 세상에서 가장 확실한 단기적 성취감을 맛볼 수 있었지요. 다이어트를 하면서 새로운 경험을 하나하나 더해 가는 동안 조금씩 긍정적인 사고를 갖게 되었어요. 그리고 무엇보다 나를 귀하게 여기고 사랑하는 법을 배울 수 있었습니다.

그렇게 고단백 저탄수화물 다이어트 식단으로 총 22kg 감량에 성공하고 '미니의 건강한 순간들'이란 이름으로 SNS에 다이어트 과정을 기록하며 유지한 지도 벌써 5년째예요. 작년에는 꿈꾸었던 일이 현실이 되어 첫 번째 다이어트 레시피 책 〈고단백 저탄수화물 다이어트 레시피〉를 출간하게 되었어요. 생각지도 못했는데 수만 명의 독자에게 큰 사랑을 받았고, 감사한 마음으로 하루하루를 보낸 값진 한 해였어요.
의사도, 영양학자도 아닌 평범한 다이어터가 쓴 요리책이 꾸준하게 사랑받으며 베스트셀러가 될 수 있었던 건 제가 평범한 '모태통통이'였기 때문이라고 생각해요. 단기간에 살을 빼준다는 자극적인 광고가 난무하는 요즘 시대에 제 다이어트 방식은 지극히 현실적이니까요. 보정 없는 다이어트 전후 사진, 직접 요리해 먹고 실제로 다이어트에 성공한 간단한 레시피, '나도 미니처럼 할 수 있겠다!'는 용기, 이 모든 것이 다이어터 여러분께 동기부여가 된 것이 아닐까요? 그렇게 〈고단백 저탄수화물 다이어트 레시피〉에 실린 요리로 실제로 많은 분이 감량에 성공했고, 단지 다이어트 성공에 그치지 않고 건강한 생활을 실천하고 있어요. 요리에 취미가 없던 분이 스스로 음식을 해 먹는 습관을 들였다는 후기, 세세한 과정컷과 간단한 레시피로 다이어트가 쉬워졌다는 수많은 감사 메시지를 지금까지도 꾸준히 받고 있어요. 정말 정말 감사합니다.

첫 책이 과분한 사랑을 받은 만큼, 두 번째 책에 대한 부담감이 없었다면 거짓말일 거예요. 하지만 여러분께 보다 다양하고, 맛있고, 간단해진 레시피를 선보일 수 있다는 설렘과 기쁨, 사명감이 더 컸기에, 이런 제 마음과 많은 분들의 후기, 제가 직접 다이어트 하며 겪은 노하우를 모아 발전적인 방향으로 책을 구성했어요.

그래서 기존의 아침, 점심, 저녁 파트는 유지하되, 전작에서 독자분들이 가장 좋아했던 밀프렙 파트를 다양한 메뉴로 강화했어요. 또 바쁜 직장인과 학생을 위해 초간편 전자레인지 레시피와 요즘 가장 핫한 조리기구인 에어프라이어를 활용한 레시피도 추가했답니다. 아, 디저트도 빼놓을 수 없잖아요. 보기에도 좋고 맛도 좋은 스무디볼을 비롯해 효과 좋은 건강 스무디와 주스, 다이어트 간식이라고는 믿기지 않을 만큼 맛있고 예쁜 다이어트 쿠키, 뮤즐리바, 초콜릿 맛 디저트까지, 정말 풍성하게 담았죠? 여러분의 다이어트 식단에 미니의 레시피를 120% 활용했으면 하는 진심을 가득 눌러 담았답니다. 이 책을 보고 자신을 위해 요리하는 모든 분이 요요 걱정 없이, 즐겁고 맛있게, 지속적인 실천이 가능한 다이어트를 하길 바랍니다.

이 책은 〈고단백 저탄수화물 다이어트 레시피〉마다 인덱스 스티커를 붙여가며 따라 만든 우리 #디디미니언쥬 친구들과 새로운 콘텐츠가 올라갈 때마다 '좋아요'를 보내주고 관심 가져준 팔로워, 구독자분들, 그리고 감량에 성공했다며 메시지를 보내준 독자분들 덕분에 세상에 나올 수 있었어요. 다시 한번 정말 고맙습니다. 마지막으로 위즈덤하우스 조현주 과장님, 제 체형을 더욱 예쁘게 만들어주는 트레이너 박글샘 선생님, 그리고 제게 없어선 안 될 소중한 친구들과 남자친구, 하나뿐인 남동생과 화이트엔젤 박모모, 나의 가장 친한 친구 우리 엄마 공여사님, 정말 고맙고 사랑해요!

2019년 바지우 aka. 미니

BEFORE

AFTER

CONTENTS

프롤로그 • 4

미니의 건강한 순간들

PART 1

정확한 계량법 & 편리한 포장법 • 16

미니의 다이어트 장바구니 팁 • 18

미니의 단골 소스&향신료 • 22

미니의 단골 조리 도구 • 26

미니가 다이어트 하며 했던 운동들 • 28

미니에게 무엇이든 물어보세요! • 32

글샘쌤에게 운동에 관해 물어보세요! • 37

회사원 미니의 위클리 감량 루틴 • 40

전자레인지로 만드는 뚝딱 한 끼

PART 2

가지피자 • 46

초코초코포리지 • 48

치즈달걀프라이 • 50

달걀콩비지밥 • 52

다이어트콩치즈 • 54

닭가슴살치즈순두부 • 56

베이컨치즈오트밀죽 • 58

크런치치즈카나페 • 60

고구마바질피자 • 62

머그컵에그인헬 • 64

체리베리포리지 • 66

오트밀게맛살찜 • 68

PART 3
스피디한 영양 만점 아침

콩거트볼 • 72
에그아보카도토스트 • 74
아보카도두부밥 • 76
바나나단짠프렌치토스트 • 78
시금치양송이닭가슴살수프 • 80
낫토스트 • 82
과일피자 • 84
망고수란오픈토스트 • 86
옥수수오트밀전 • 88
참치낫토채소밥 • 90
마늘달걀토스트 • 92
고구마병아리콩수프 • 94
새우아보토스트 • 96

CONTENTS

PART 4
맛있고 든든한 점심 도시락

에그에그샌드위치 • 100

마늘종베이컨볶음밥 • 102

연근콩비지리소토 • 104

달걀지단부리토 • 106

시금치페스토닭가슴살파스타 • 108

달걀피자 • 110

저염김치볶음밥 • 112

훈제오리샌드위치 • 114

새우보리리소토 • 116

단호박두부유부초밥 • 118

굴볶음밥 • 120

닭가슴살김치오트밀리소토 • 122

참치샐러드샌드위치 • 124

게맛살당근샌드위치 • 126

문어토마토김치리소토 • 128

닭가슴살케사디야 • 130

파인애플볶음밥 • 132

먹고 자면 살 빠지는 저녁

PART 5

목살플레이트 • 136

컵샐러드 • 138

애호박당근새우프리타타 • 140

닭가슴살라타투이 • 142

닭가슴살아보카도샐러드 • 144

김치낫토달볶 • 146

베리베리안심샐러드 • 148

구운두부샌드위치 • 150

닭가슴살미역초무침 • 152

연두부아보카도샐러드 • 154

참치스크램블드에그 • 156

시금치닭가슴살전 • 158

에그샐러드 • 160

갈릭치즈닭가슴살플레이트 • 162

저염두부김치 • 164

오징어오이양파샐러드 • 166

두부달걀양파비빔 • 168

닭가슴살콩나물팽이버섯볶음 • 170

CONTENTS

돈 아끼고
살 빠지는
일석이조 밀프렙

PART 6

토마토오므라이스 • 174

즉석오트밀버섯리소토 • 176

아몬드닭볶음 • 178

소고기가지덮밥 • 180

낫토티야 • 182

참치채소들깨죽 • 184

훈제오리버섯볶음밥 • 186

비트카레 • 188

버섯크림프렌치토스트 • 190

병아리콩토마토수프 • 192

닭가슴살햄 • 194

오징어콩나물볶음밥 • 196

오트밀닭죽 • 198

흰강낭콩크림수프 • 200

PART 7
비타민 팡팡, 단백질 뿜뿜 디저트&스무디

- 초간단비트주스 • 204
- 망고스무디볼 • 205
- 블루베리스무디볼 • 206
- 시금치스무디볼 • 207
- 비트스무디볼 • 208
- 토마토당근주스 • 209
- 파프리카키위주스 • 210
- 초코바나나스무디 • 211
- 연근사과스무디 • 212
- 셀러리파인애플주스 • 213
- 검은콩바나나두부셰이크 • 214
- 딸기블루베리스무디 • 215
- 바나나오트밀쿠키 • 216
- 뮤즐리견과류바 • 218
- 시나몬바크초콜릿 • 220
- 허니갈릭황태스낵 • 222

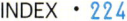

- INDEX • 224
- 요리 생초보를 위한 쉽고 맛있는 다이어트 입문 7일 식단표 • 232
- 변비 타파! 황금똥을 위한 7일 식단표 • 233
- 확실하게 살 빠지는 생리주기 14일 식단표 • 234
- 바쁜 직장인&학생을 위한 현실적인 밀프렙 14일 식단표 • 236

다이어트 꿀팁 총망라!

미니의
건강한
순간들

저는 '모태통통이'로 태어나 잘못된 식습관과 다이어트,
요요의 무한반복을 겪고 최대 70kg까지 나갔었어요. 평생을
'나도 한번 말라보자'는 생각만 간절했던 제가 고단백 저탄수화물
식단으로 염원하던 숫자 48kg까지 감량에 성공했죠. 이제는
체중보다는 눈바디로 승부하는 5년 차 유지어터가 되어 몸도
정신도 건강한 순간을 즐기고 있답니다. 제가 직접 겪은
현실적인 다이어트 꿀팁, 다이어트 시 도움이 되는
운동과 생활루틴, 즐겨 쓰는 요리 재료와 소스, 조리를
편리하게 돕는 도구까지 모두 공개하니 놓치지 마세요!

정확한 계량법
&편리한 포장법

저는 집에 있는 일반 숟가락과 종이컵, 손대중을 계량에 활용했어요. 집에 있는 도구로
레시피의 정량을 지켜서 요리하면 맛있고 건강하게 다이어트 할 수 있어요.
계량컵, 계량스푼을 가지고 있다면 활용해 주세요.

밥숟가락 가루 계량

1큰술   1/2큰술   1/3큰술

밥숟가락 액체 계량

1큰술   1/2큰술   1/3큰술

밥숟가락 장류 계량

1큰술   1/2큰술   1/3큰술

종이컵 계량

우유 1컵

삶은 병아리콩 1컵

오트밀 1/2컵

손대중 계량

베이비채소 1줌

시금치 1줌

아몬드 1줌

샌드위치 포장법

샌드위치를 포장할 때 일반 랩이나 종이포일 대신 매직랩을 사용해보세요.
밀착력이 좋아 포장하기 쉽고 방수가 잘 되어 소스가 흐르지 않아요.

1. 매직랩을 정사각형으로 잘라 끈끈한 부분이 바닥면과 맞닿게 펼치고 샌드위치를 올린다.

2. 샌드위치를 살짝 누르며 매직랩의 좌우를 당기듯 붙이고, 상하 부분도 당기듯 붙인다.

3. 매직랩을 다시 정사각형으로 잘라 끈끈한 부분이 위로 향하게 펼치고, 포장한 샌드위치 랩의 여러 겹 겹친 부분이 바닥에 닿게 뒤집은 다음, 다시 상하좌우를 당기듯 붙여 포장한다.

미니의 다이어트 장바구니 팁

마트 구매 팁

신선 코너 & 냉동 코너
마트에서는 신선한 자연 식재료나 냉동 식품 위주로 구입해요. 거주지 근처에 산지 직송 마트나 재래시장이 있다면 보다 저렴한 가격으로 신선 식품을 구입할 수 있어요.

가공식품
같은 상품을 브랜드별로 골라 영양성분표를 비교해서 구입해요. 당류도 중요하지만 '총 탄수화물-식이섬유=당질(순 탄수화물)'을 보는 것이 중요해요.

식이섬유
우리 몸에 흡수되지 않는 성분으로 포만감을 높이고 당질 흡수를 지연시키며 변비 예방에도 좋아요. 채소, 해조류, 버섯 등에 풍부해요.

재료 구매 팁

닭가슴살
생닭가슴살은 마트에서 냉장, 냉동된 제품을 사요. 완조리닭가슴살은 인터넷에서 맛과 가격, 브랜드를 비교해서 구입하고, 입맛에 맞는 한두 가지 브랜드로 정착하는 게 좋아요.

아보카도
불포화지방산, 식이섬유를 비롯한 영양소가 풍부하고 마치 버터같이 부드러운 아보카도는 다이어터에게 최고의 식재료예요. 보통 한 번에 1/2개를 먹고, 남으면 씨가 붙은 쪽에 레몬즙이나 아보카도오일, 올리브유를 발라 산소를 차단하고 단단히 래핑해 냉장 보관했다가 1~2일 안에 먹어요.

고르는 법
직접 후숙할 때는 진한 초록빛에 꼭지가 싱싱하고 표면이 울퉁불퉁하지 않으며 익지 않아서 딱딱한 것을 골라요. 후숙해서 파는 제품은 어두운 초록빛에, 마찬가지로 꼭지와 표면을 살피고 말랑한 것을 골라요. 후숙 이후에는 빨리 먹지 않으면 썩으니 한꺼번에 많은 양을 구매하지 마세요.

후숙 팁
여름에는 실온에서 1~2일, 봄이나 가을에는 3~5일, 겨울에는 일주일 정도 후숙해요. 익지 않은 아보카도의 냉장 보관은 절대 금물이고, 짙은 녹색으로 후숙된 아보카도를 바로 먹지 않을 때는 최대 2~3일만 냉장 보관해요. 후숙된 아보카도가 많을 땐 으깨어 아보카도퓌레를 만들어 냉동해요.

토마토

토마토에는 콜레스테롤 축적을 방지하는 라이코펜 성분이 들어 있어요. 하지만 냉장 보관 시 라이코펜 함유량이 40%나 감소되니 실온에 보관하세요. 구입할 땐 단단하고 무거우며 꼭지 부분이 싱싱하고 껍질에서 윤기가 나는 것을 골라요.

통밀식빵

100% 통밀, 호밀, 유기농밀 식빵은 주로 온라인몰에서 구매해요. 한두 조각씩 소분해서 밀봉해 냉동하면 오래 두고 먹을 수 있어요. 뻑뻑하고 시큼한 통밀식빵이 부담스럽다면 대형마트의 '로만밀 통밀식빵'이나 프랜차이즈 베이커리의 '무설탕 멀티그레인 토스트'를 구매해서 차차 입맛을 바꿔가요. 이 제품은 사실 통밀 함량이 적지만 양 조절이 중요하니 한 끼에 한 장만 먹되 저녁엔 먹지 않고, 하루에 두 장 이상은 피하세요.

오트밀

식이섬유와 영양이 풍부한 데다 조리하기 쉬워서 자주 사용해요. 귀리를 분쇄·압착하는 방식에 따라 오트밀의 종류가 다양한데, 저는 주로 빠르게 먹을 수 있는 퀵오트를 사용해요. 입자가 작아서 물, 우유 등으로 조리하면 금방 불어나 쫀득한 죽처럼 변해요. 점보오트밀은 귀리를 그대로 압착한 제품으로 식감이 좀 더 살아 있고 죽보다는 누룽지의 식감과 비슷해요.

그릭요거트

그릭요거트는 우유를 농축 후 발효시켜 일반 요거트보다 영양소가 훨씬 풍부해요. 우유나 유산균 외에 불필요한 첨가물이 없고, 설탕이나 시럽이 없는 제품을 골라요. 꾸덕꾸덕한 제형 덕분에 크림치즈처럼 음식에 발라 먹거나 리코타치즈처럼 샐러드에 곁들이고, 과일, 견과류와 함께 간단한 아침 식사로 먹기 좋아요.

햄프시드

제가 여기저기 자주 뿌려 먹는 씨앗으로 필수 아미노산과 식이섬유, 단백질, 오메가-3·6·9 등의 풍부한 영양소를 지닌 슈퍼푸드예요. 별다른 맛은 없지만 씹을수록 고소해서 어디에나 잘 어울려요. 요리 후에 햄프시드를 뿌리고 장식해서 영양을 더한 플레이팅을 완성해요.

볶은서리태가루

무가당요거트, 으깬 바나나에 서리태가루를 섞으면 꾸덕꾸덕하고 고소한 콩거트볼이 돼요. 요거트, 두유에 타 먹고 오트밀쿠키나 빵을 만들 때도 좋아요. 100% 국내산 제품을 구입하세요.

카카오닙스

단독으로 먹으면 씁쓸하지만 요거트에 토핑하거나 초콜릿, 다이어트 디저트를 만들 때 사용하면 오독오독한 식감이 좋아요. 견과류와 함께 먹으면 아몬드초콜릿의 식감과 살짝 비슷해서 간식으로 애용해요. 대형 마트나 인터넷에서 쉽게 구할 수 있어요.

비트

비트는 혈관 건강과 변비 해소에 정말 좋은 채소예요. 저는 마트에서 1~2개씩 사는 대신, 인터넷으로 3~5kg씩 주문해요. 저렴하기도 하고 훨씬 싱싱하거든요. 비트는 수분이 날아가지 않게 신문지로 잘 감싸 비닐팩에 넣어 냉장 보관해요. 비트주스용으로 많은 양을 샀을 땐 껍질을 벗기고 한입 크기로 썰어 냉동실에 보관하면 오랫동안 무르지 않아요.

병아리콩

콩의 비린내를 싫어하는 분도 밤 맛이 나는 병아리콩은 맛있게 먹을 수 있어요. 일반 콩보다 단백질, 칼슘, 식이섬유가 풍부한 병아리콩은 대형마트나 인터넷에서 구매해요. 직접 삶을 때는 물에 담가 6시간 이상 불린 후에 푹 삶아요. 저는 한 번에 많은 양을 삶아 소분해서 냉동하지만, 귀찮을 때는 병아리콩통조림을 사도 좋아요. 간식, 샐러드 토핑, 수프 등 다양한 요리에 활용할 수 있답니다.

낫토

콩을 발효시킨 낫토는 콩 단백질과 식이섬유가 풍부해요. 생낫토는 유통기한이 짧으니 냉동 보관 후 먹기 하루 전에는 냉장실에 옮겨두고, 먹기 1~2시간 전에는 실온에 둬요. 냉동 낫토는 전자레인지로 15초 정도 가열하되, 낫토는 열을 가하면 유익균이 파괴되니 볶거나 추가로 조리하지 말고 토핑해서 먹어요. 낫토에 든 간장, 겨자는 음식에 다른 소스가 있을 때는 넣지 말고 다른 요리에 활용해요.

미니가 즐겨 먹는 간식

식욕 폭발을 막고 부족한 영양소를 골고루 섭취하기 위해 하루 삼시 세끼뿐만 아니라 건강한 간식도 틈틈이 챙겨 먹어요. 무더운 여름엔 다이어트 도시락과 간식이 상하는 것을 막기 위해 건강즙을 냉동시키거나 냉동된 완조리닭가슴살을 아이스팩 대용으로 가지고 다니면 좋아요.

마시는 즙 & 채소	건강즙 2포(양파즙, 호박즙, 노니즙, 양배추즙, 사과즙 등) 방울토마토, 채소스틱(당근, 셀러리, 오이 등) 에어프라이어에 구운 꼬마새송이버섯
식감 & 단백질	콩류 1줌(삶은 병아리콩, 삶은 흰강낭콩, 볶은서리태 등) 견과류 1줌, 삶은 달걀
단맛	블루베리 1줌, 바나나 1개, 오트밀쿠키, 견과류바

다이어트 음식을 맛있게, 한 번 사면 유용하게

미니의 단골 소스&향신료

음식을 맛있게, 질리지 않게 먹어야 다이어트를 지속하고 살찌지 않는 건강한 식습관을 만들 수 있어요. 그래서 저는 같은 재료와 조리법을 쓰더라도 소스나 향신료를 달리해요. 매번 새로운 풍미가 만들어져 외식하는 기분이 나거든요. 음식을 만들 때마다 맛 내기를 돕는 다이어트용 소스와 향신료를 소개해요.

매운맛

스리라차칠리소스

동남아 요리에 사용하는 소스로 볶음 요리의 양념이나 찍어 먹는 용도로 좋고, 샌드위치에 식물성마요네즈와 섞어서 발라도 맛있어요. 설탕이 소량 들어 있어 1회에 1큰술 이내로 먹어요.

크러쉬드레드페퍼

서양식 빻은 건고추로 굵은 고춧가루보다 굵고 씨가 많아요. 스튜, 볶음요리 등에 매운맛을 더하고 느끼한 맛을 잡아주며, 요리 완성 후 플레이팅 할 때 장식용으로 써요.

고춧가루

고추에 든 캡사이신 성분은 신진대사 작용을 활발히 해 지방을 연소하고 위액을 분비해 단백질의 소화를 도와요. 고춧가루 소량으로 음식에 매운맛을 더해보세요.

타바스코소스

핫소스라 불리는 타바스코는 청양고추보다 2~3배 매운 멕시코 고추와 식초, 소금만으로 만든 착한 소스예요. 톡 쏘는 매콤 새콤한 맛을 원할 때 음식에 뿌려 먹어요.

훈제파프리카가루

스페인 요리에 많이 쓰이는 훈제파프리카가루는 고기나 채소에 뿌리면 훈연 향과 불맛을 내주며 음식의 풍미를 높여줘요. 미니가 강력 추천하는 향신료랍니다. 구입 시 일반 파프리카가루인지, '훈제'파프리카가루인지 꼭 확인하세요.

알싸한 맛

홀그레인머스터드
겨자씨를 완전히 갈지 않아 씨가 톡톡 터지는 식감이 좋아요. 고기, 샐러드, 샌드위치나 닭가슴살이 물릴 때 곁들여요. 올리브유와 섞어 샐러드드레싱을 만들어도 맛있어요.

고추냉이
고기 위에 조금 올려 먹거나 식물성마요네즈와 섞어 고추냉이마요드레싱을 만들어도 좋아요. 일반 '와사비'보다 튜브에 든 '생와사비'가 훨씬 맛있어요.

오리지널 옐로머스터드
겨자씨를 발효시켜 껍질과 함께 갈아 만든 소스예요. 겨자 맛에 거부감이 없다면 빵, 샐러드, 오트밀 등 각종 소스로 활용해요. 단, 허니머스터드에는 당류가 들어 있으니 피해주세요.

짠맛

간장
저염식, 무염식을 오래 유지하면 건강을 해치니 저염 간장이나 일반 간장을 적게 사용해요. 단, 단맛이 추가된 맛간장, 조림간장은 피하고 국산콩으로 만든 첨가물 없는 제품을 골라요.

굴소스
반 숟가락만 넣어도 감칠맛이 살아나는 마법의 소스예요. 볶음밥, 볶음요리 등에 아주 조금만 넣어도 극대화된 감칠맛이 느껴져요.

허브솔트
허브와 소금이 섞인 제품이라 소량만 써도 풍미가 좋아져요. 고기, 생선, 채소 등을 구울 때 살짝 뿌리거나 올리브유와 섞어 드레싱으로 먹어도 좋아요.

풍미

후춧가루
소금을 조금 줄이는 대신 후춧가루를 뿌리면 맛의 포인트가 살아나요. 후춧가루는 가루형보다 통후추를 그때그때 갈아 먹는 그라인더형이 더 신선하고 향이 좋아요.

바질가루
제가 처음으로 사용한 향신료로 향이 좋아 쓰임새가 많고 질리지 않아요. 고기, 채소를 굽거나 볶을 때 넣으면 풍미가 좋아요. 특히 토마토와의 궁합이 좋아 '토달볶(토마토달걀채소볶음)'에 넣으면 맛이 고급스러워져요.

파슬리가루
한국인에게도 익숙한 파슬리가루를 수프나 달걀 요리, 마늘 요리 등에 많이 사용해요. 특히 음식을 접시에 담아 장식용으로 뿌리면 향도 좋고 보기에도 예뻐요.

로즈마리홀
저는 허브 향을 좋아해서 로즈마리홀을 자주 써요. 열을 가해도 향이 유지되어 고기를 구울 때, 토마토스튜를 끓일 때 좋아요. 생선구이에도 솔솔 뿌리면 비린내를 제거해줘요.

강황가루
시판 카레가루에는 밀가루나 전분이 들어 있으니 다이어트 중에는 카레가루의 주재료인 강황가루와 카레가루를 반반씩 섞어서 카레를 만들어요. 고기나 생선 요리에 강황가루를 조금 뿌리면 맛과 향이 살아나요.

시나몬가루
달콤 쌉싸래한 특유의 향을 가진 시나몬가루는 오트밀, 바나나, 코코아가루가 든 달콤한 요리나 디저트를 고급스럽게 만들어줘요. 식욕 억제 효능도 있다고 하니 다양하게 활용하세요.

고소한 맛

들기름
오메가-3가 풍부한 식품으로 고소함이 남달라요. 낫토비빔밥에 넣거나 올리브유, 간장과 섞으면 드레싱이 완성돼요. 열에 약하니 생으로 먹는 게 좋고, 볶음요리 시에는 불을 끄고 재빨리 섞어요.

올리브유
향과 맛이 좋아 빵에 찍어 먹거나 간장, 발사믹식초, 홀그레인머스터드 등과 섞어 드레싱으로 이용해요. 처음으로 압착해서 향이 신선하고 색이 맑은 엑스트라버진 등급을 골라요. 발연점이 낮으니 간단한 볶음이나 샐러드드레싱으로 사용하세요.

식물성마요네즈
콩으로 만들어 일반 마요네즈보다 나트륨, 지방을 줄이고 식이섬유, 단백질을 높였어요. 담백하고 고소해서 부담 없이 먹기 좋아요. 편하게 시판 제품을 이용하거나 두부를 활용한 오른쪽 레시피를 활용해서 직접 만들어보세요.

> **MINI RECIPE**
> **홈메이드 두부마요네즈**
> 두부 1/2모(150g), 올리브유 3큰술, 레몬즙 2큰술, 꿀 혹은 알룰로스 1/2큰술, 캐슈넛 1/2줌(10g), 무가당두유 5큰술, 소금 약간
>
> 믹서에 모든 재료를 넣고 잘 갈아서 냉장 보관하고 일주일 이내로 먹어요.

새콤한 맛

토마토퓌레
유기농 토마토 100%에 천일염이 소량 함유된 제품을 사용해요. 양이 많으니 얼음틀에 조금씩 소분해서 냉동하면 오래 쓸 수 있어요.

토마토소스
시판 토마토소스에는 대개 설탕이 함유되어 있어 양 조절은 필수예요. 저는 주로 유기농 토마토와 채소, 천일염이 든 제품을 사용해요.

노슈거케첩
우리가 흔히 먹는 케첩에는 설탕이 들어 있어요. 노슈거케첩은 설탕을 불포함해 유기농 토마토의 새콤달콤하고 건강한 단맛이 느껴져요. 심심한 요리, 닭가슴살 등에 뿌려 먹어요.

식초
이뇨작용을 돕는 칼륨이 들어 있어 붓기 해소와 다이어트에 좋아요. 저는 사과식초, 레드와인식초, 감식초 등을 사용해요. 채소나 과일을 세척할 때도 식초를 떨어뜨린 물에 담갔다 씻어요.

다이어트 요리를 좀 더 편리하고 빠르게

미니의
단골 조리 도구

다이어트 요리의 핵심은 간편하고 쉬운 조리법이에요. 식단을 챙기고 운동을 하는 바쁜 와중에도 학교나 직장 등 일상의 업무까지 완벽히 해내야 하니까요. 이럴 땐 요리를 조금 더 쉽고 편리하게, 시간까지 단축해주는 도구가 정말 고마워요. 제가 자주 쓰는 추천 도구를 만나봐요.

요리를 빠르게!

채소다지기(차퍼)

채소를 대강 썰어 넣고 끈을 당기거나 손잡이를 돌리기만 하면 재료가 잘게 다져지는 도구예요. 많은 양의 밀프렙을 준비할 때, 칼질이 어려운 요리 초보에게 정말 좋아요. 잦은 칼질로 손등의 핏줄이 도드라졌던 제게는 정말 고마운 도구죠. 시간과 노력이 단축되니 대형마트나 천원숍에서 구입해 사용해보세요.

전자레인지

전자레인지가 있으면 더운 여름에도, 바쁠 때도 불을 쓰지 않고 간단히 요리할 수 있어요. 눈코 뜰 새 없이 바쁜 아침을 위해, 조리 환경이 넉넉지 않은 기숙사 학생과 세상의 수많은 귀차니스트를 위해 믿기지 않을 만큼 맛 좋은 전자레인지용 초간단 레시피를 알려드려요.

요리를 편리하게!

매직랩

한쪽 면이 접착 가능한 소재로 만들어진 랩이에요. 뚜껑 없는 그릇이나 컵에 씌워 밀폐용기처럼 쓸 수 있어서 샌드위치나 롤 등을 야무지게 포장하기에도 좋아요. 매직랩을 활용한 샌드위치 포장법은 17쪽을 참고하세요.

달걀슬라이서

칼 대신 쓰면 레스토랑 샐러드처럼 얇고 가지런한 삶은 달걀을 만들 수 있어요. 완숙으로 익힌 달걀을 슬라이서에 올려 커팅하면 흰자와 노른자가 분리되거나 으깨지지 않고 깔끔하게 썰려요. 대형마트나 천원숍에서 구입하세요.

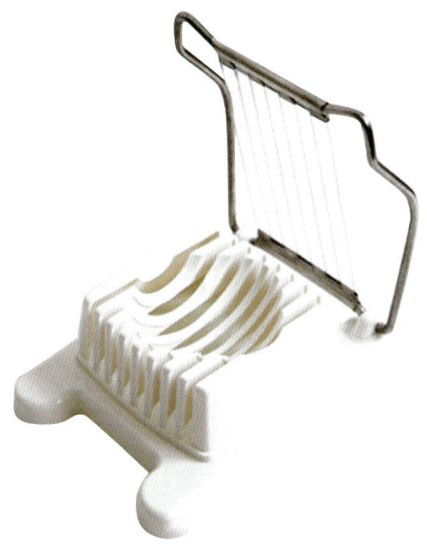

실리콘붓

베이킹을 할 때 쓰는 실리콘붓은 다이어트 요리를 할 때도 좋아요. 냄비나 팬에 기름을 두를 때 실리콘붓으로 펴 바르면 사용하는 기름 양이 현저히 줄어요.

밀프렙 용기

책에 실린 밀프렙 레시피는 모두 냉장·냉동 보관이 가능한 레시피로, 제가 직장에 다닐 때 주말에 만들어 5일간 도시락으로 싸갔던 실제 메뉴예요. 냉장·냉동실에 신선하게 보관해서 전자레인지로 해동해야 하니 트라이탄 소재로 된 일정한 크기의 제품을 여러 개 구비했어요. 책 속 제품은 모두 천원숍에서 구매할 수 있답니다.

미니가 다이어트 하며 했던 운동들

세상 모든 다이어트에 실패한 후, 고단백 저탄수화물 식단으로 총 22kg 감량에 성공, 유지한 지 벌써 5년 차! 제가 다이어트 중에 했던 운동을 적응기, 집중 감량기, 유지기, 현재로 나누어 정리했어요. 제 운동법을 참고해서 자신에게 맞는 운동 루틴을 만들어보세요.

 →  →  →

01 초기[적응기] → 생활 속 틈새운동

난생처음 올바른 방법으로 다이어트를 결심한 후, 초기운동은 특별하지 않았어요. 자극적인 입맛을 바꾸고 늘어난 위를 줄이는 것만으로도 벅찼거든요. 운동을 싫어하던 제가 운동까지 욕심을 내면 초반 의지가 금방 꺾일 것은 너무도 당연했죠. 그래서 일상에서 조금 부지런히 움직여 헬스클럽에서의 1시간 운동량만큼 충당하기로 했어요. 헬스클럽에서 운동하고 집에 와서 소파에 누워 TV만 본다면 하루의 총 소모 에너지는 더 적을 것이라 생각했거든요. 자는 시간을 제외한 나머지 시간에 조금 더 부지런히 움직이고 평소에 하지 않았던 틈새운동을 하며 습관으로 만들었어요.

- 출근길 에스컬레이터나 엘리베이터 대신 계단 오르내리기
- 업무 중 화장실 가는 김에 스트레칭, 맨몸운동하기
- 강아지와 매일 산책 나가기
- 가까운 거리는 대중교통 대신 빠른 걸음으로 걷기
- 바른 자세로 턱을 당기고(Chin Tuck) 어깨 펴고 배에 힘주고 앉기

02 중기(집중 감량기) → 아침 공복 유산소, 저녁 홈트레이닝

고단백 저탄수화물 식단과 틈새운동에 적응하고 살이 빠지기 시작하면서, 아침엔 가벼운 몸풀기 스트레칭을 하고 공복 상태로 밖에 나가 빠르게 걸었어요. 공복에 가벼운 강도의 유산소운동을 20~30분 정도 하면, 자는 동안 탄수화물이 고갈된 상태에서 지방을 에너지원으로 사용해 체지방을 빠르게 뺄 수 있어요. 평소보다 일찍 자고 일찍 일어나 부지런하게 하루를 시작하는 상쾌함과 뿌듯함도 다이어트 의지에 한몫했죠. 단, 공복 유산소는 오랜 시간 무리해서 하면 근손실이 오니 꼭 30분 이내의 시간에 가벼운 강도로 진행하고, 운동 전 간단히 사과나 바나나를 먹는 것도 추천해요.

저녁엔 간단히 식사하고 도시락을 싸거나 쉬면서 최소 30분 이상 소화시켰어요. 그리고 유튜브 운동 영상으로 1시간~1시간 30분 정도의 맨몸 근력운동과 스트레칭을 했어요. 제가 다이어트 할 때는 유튜브 대중화 이전이라 외국 영상을 보았는데, 최근에는 국내에도 좋은 영상이 많아요. 홈트용 매트, 컴퓨터나 휴대폰, 굳은 의지만 있으면 집에서도 충분히 운동할 수 있어요.

- **아침** 스트레칭, 20~30분간 가벼운 강도의 공복 유산소
- **점심** 초기에 적응한 생활 속 틈새 운동
- **저녁** 유튜브 영상으로 1시간~1시간 30분 정도의 맨몸 근력운동, 스트레칭 등 홈트

03 유지기~현재 → 다양한 시도를 하며 운동을 습관화

감량보다 더 중요한 유지기에는 다이어트 식단과 일반식을 적절히 병행하고 유산소운동, 홈트레이닝을 주 3회 이상 실천하며 요요를 방지했어요. 다이어트를 하고 5년 이상 유지해 보니 감량은 식단 조절이 8할 이상 중요하지만, 몸매를 만드는 건 운동이었어요. 그래서 지금은 더 예쁜 몸매를 갖기 위해 감량기보다 운동에 힘을 쏟는 중이에요.
특히 저는 제 몸(체형)에 대한 이해도가 낮아서 아무리 스쿼트를 해도 엉덩이가 솟지 않고, 살을 빼고 나니 얼굴의 비대칭마저 심해 보였어요. 그래서 감량 이후부터는 홈트 대신 전문가에게 PT를 받으며 몸을 이해하고 공부하는 맘을 가졌더니 운동에 흥미가 생겼어요. 운동이 막막한 분은 올바른 자세와 신체를 위해서라도 한번쯤 PT를 받는 것을 추천합니다.
지금은 매번 같은 유산소운동도 지루해져 수영처럼 새로운 스포츠를 배우며 성취감을 얻어요. 또 혼자 하면 지겨운 가정용 사이클도 SNS 라이브방송을 하며 팔로워들과 함께 타니 더 재미있게 지속할 수 있어요. '같이'의 '가치'를 몸소 느끼는 중이랍니다. 뾰족한 방법은 없지만 재미난 시도를 통해 제 인스타그램의 타이틀 '미니의 건강한 순간들'을 실천하는 중이에요. 혼자 하는 유산소가 지겹다면 저와 함께 사이클 라이브방송으로 함께해요! 📷 인스타그램 @dd.mini ▶ 유튜브채널 디디미니

- 내 몸을 이해하며 올바른 자세로 PT
- 새로운 스포츠로 성취감 달성
- 사이클 라이브방송으로 다이어터 팔로워들과 함께 지속하는 재밌는 다이어트 시도

미니에게
무엇이든 물어보세요!

인스타그램으로 하루에 수십 건에서 수백 건까지 다양한 다이어트 질문을 받아요.
다이어트 식단과 마인드컨트롤, 운동법 등 많은 분이 궁금해하는 질문의 답을 드립니다.
특히 운동 질문은 저의 트레이너 선생님인 운동전문가 글샘쌤께 조언을 구했어요.
여러분의 다이어트에 실질적인 도움이 되었으면 해요.

Q1
**체중이 더 이상 빠지지 않아요.
정체기를 이겨내는 비법이 있을까요?**

정체기 또한 다이어트의 과정이라 생각하고 조급함을 버려야 해요. '정체'가 아닌 새로운 체중에 내 몸이 '적응'할 시간을 갖는다고 생각하세요.

이때 먹는 양을 확 줄이거나 운동량을 심하게 늘리지 마세요. 체지방보다 몸속 수분과 근육이 빠졌기 때문에 그만큼 요요가 오고 식탐이 생겨요. 만약 최소로 조리한 음식으로 소식하고, 유산소운동을 많이 하면 분명 1~2주만에 감량할 수 있어요. 이럴 때일수록 고단백 저탄수화물 음식, 몸에 좋은 간식, 운동을 챙기며 건강한 습관을 쌓아가세요. 올바른 습관으로 정체기를 이겨내면 성취감은 말로 표현하기 어려울 정도로 짜릿해요.

Q2
**매번 다이어트가 작심삼일이에요.
포기하지 않고 다이어트에
성공·유지하는 비법을 알고 싶어요.**

과거의 저도 매번 무너지고 실패와 요요를 반복하던 다이어터였어요. 다이어트에 관한 생각을 달리해보고 작은 실수로 성공과 실패를 나누지 마세요.

과거의 저에게 다이어트란 일정 기간 배고픔을 참고 꾸역꾸역 운동하는 것이었어요. 하지만 현재의 저에게는 다이어트란 나의 몸과 정신을 오늘보다 내일 더 건강해지도록 가꾸는 것이에요. 음식, 운동 등으로 스스로를 관리하고 라이프스타일을 변화시켜 가며 나를 위해 조금 더 정성껏 살아가는 것이죠. 한 번 폭식했다고 자책하거나 포기하지 말고 다시 털어내고 다이어트를 이어나가요. 다이어트를 끝내지 말고 내일부터 다시 시작하면 돼요. 만약 과식과 폭식이 잦다면 식사와 운동 일기를 쓰고 몸의 변화를 적어보세요. 제 레시피와 함께라면 점점 가벼워지는 몸의 변화를 느낄 수 있을 것이라 확신해요.

Q3

다이어트, 어디서부터 시작할지 너무 막막해요. 도와주세요!

경험에 의하면 다이어트는 식단 조절이 8할 이상이에요.

처음부터 식단 조절과 운동을 병행하기보다 처음에는 먹는 것부터 천천히 조절해보세요. 자극적인 음식과 간식을 피하고, 일반식은 밥을 반 공기 정도만 덜어두고 먹어요. 국물은 최대한 먹지 않고 식이섬유 반찬(채소, 버섯, 해조류)과 단백질(육류, 생선, 두부, 콩) 위주로 천천히 먹는 습관을 들이도록 노력해요. 물론 처음부터 과식, 폭식 등의 제어가 쉽진 않을 거예요. 그럴 때는 이 책의 레시피로 하루에 한두 끼를 만들어 온전히 식사에만 집중해 먹기를 시도해봐요. 분명 큰 도움이 될 거예요.

Q4

외식이나 술자리에서 살찌지 않는 팁이 있나요?

음식을 대하는 태도를 바꾸는 것이 중요해요.

외식할 땐 젓가락을 계속 들고 있지 말고 자리에 내려두고 음식보다는 대화에 집중해요. 저는 과거에 저와 비슷한 양을 먹는데 살이 안 찌는 마른 친구를 질투한 적이 있었어요. 그런데 가만 보니 친구는 저보다 숟가락질하는 횟수가 적고 음식을 오랫동안 씹으며 식사를 빨리 마치더라고요. 배가 찼는데도 남는 음식이 아까워서 입에 넣는 건 '음식을 내 몸으로 버리는 것'이라고 여기고 과감히 숟가락을 놓으세요.

술은 감량 중엔 최대한 피하는 게 좋지만 피치 못할 자리라면 탄수화물 함량이 높은 맥주보다는 소주를 약간, 혹은 항산화 효과가 있는 와인을 한두 잔 정도 마시길 권해요. 안주는 단백질이나 체내 흡수가 안 되는 식이섬유 위주로 선택하고, 물을 많이 마시고요. 단, 취하면 안주를 폭식하게 되니 절대 취하지 않아야 해요. 그럴 자신이 없다면 아예 술을 입에 대지 않는 편이 낫습니다. 회식 중 상사가 술을 권할 때는 약을 먹고 있다는 등의 핑계를 대는 건 나를 위한 선의의 거짓말이라 생각해요. 음주 다음 날에는 가벼운 공복 유산소와 함께 물을 많이 마셔요.

Q5 어제 입이 터져서 과식·폭식을 했는데 다음 날 관리법이 있나요?

우선 오늘부터 다시 관리하려는 자신을 셀프 칭찬해주세요.

하루 먹었다고 다음 날 바로 지방으로 축적되는 건 아니에요. 저는 과식한 다음 날에는 평소보다 물을 많이 마시며 16시간 정도 공복을 유지해요. 자세한 방법은 '회사원 미니의 위클리 감량 루틴, 일요일편(43쪽)'을 참고해주세요. 하지만 이 또한 매일 반복되면 안 된다는 걸 명심하고 건강한 음식을 조금씩 나누어 먹으며 과식, 폭식을 예방해요.

Q6 다이어트 중 식탐을 참기가 가장 힘들어요. 제가 식욕을 다스릴 수 있을까요?

'내가 먹는 것이 나를 만든다'는 말이 있어요.

무분별한 식욕이 솟구칠 땐 영양소가 결핍된 경우가 많아요. 다이어트는 잘 챙겨 먹는 것이지 안 먹는 게 아니니까, 건강하게 골고루 챙겨 먹어요. 책에 나온 다이어트 요리와 도시락, 약간의 견과류와 과일 등의 간식을 챙겨 다니면 식욕 컨트롤에 많은 도움이 돼요. 그리고 사실 다이어트 중에도 못 먹을 음식이란 없어요. 양 조절이 존재할 뿐이에요. 열 번을 생각해도 먹고 싶은 음식이라면 스트레스 받는 대신 접시에 조금만 담아서 꼭꼭 씹어가며 천천히 드세요. 그리고 날씬한 몸이 되고 싶다면 그에 맞는 식습관과 생활습관을 내 것으로 만들어야 한다는 걸 기억하세요.

Q7 다이어트 요리인데 소금이나 간장 같은 짠 양념을 넣어도 되나요?

평소 먹던 것보다 싱겁게 먹되, 간을 과하게 줄이지 마세요.

다이어트 중에 나트륨을 줄여야 하는 것은 맞지만 과도한 저염식, 무염식은 절대 금물이에요. 나트륨은 우리 몸의 생리기능을 유지하는 데 꼭 필요하거든요. 오히려 피해야 할 것은 혈당을 급격히 올리는 설탕과 라면이나 과자 같은 가공식품, 찌개나 전골 같은 짠 국물, 젓갈처럼 과하게 짠 반찬이에요. 김치 또한 먹을 때 꼭 양을 조절해야 해요. 무염식 대신 다이어트 음식에 소금, 간장을 적절히 사용해 맛있게 요리하세요.

Q8

**음식을 예쁘게 플레이팅해서
사진을 잘 찍는 꿀팁을 알려주세요.**

우선 건강하고 예쁘게 차려 먹으려 노력하고 자신을 소중히 하는 여러분을 칭찬합니다.

저는 한 가지 요리에 2~3가지 정도의 알록달록한 식재료를 사용해서 컬러풀한 요리를 완성해요. 그릇에 담고 나서는 후춧가루나 크러쉬드레드페퍼, 허브가루 등을 뿌려 신경 쓴 것처럼 마무리하죠. 가끔은 창가에서 키우는 로즈마리, 애플민트, 바질 등의 허브 잎을 올려 레스토랑이나 브런치 카페 느낌을 내기도 하고요.

사진은 자연광이 잘 드는 곳에서 휴대폰 카메라의 기본 애플리케이션으로 찍어요. 그래야 자연스러운 음식 색감이 살고 화질도 좋아요. 보정은 'VSCO'나 'Foodie' 애플리케이션을 사용해요. 대비를 살짝 낮추고 채도를 높인 다음, 음식이 더 맛있어 보이게 노란 색감이 나도록 색온도를 조금 올리고, 또렷한 효과를 넣어주세요. 많이 찍고 많이 보정하다 보면 점점 본인만의 사진 스킬이 생길 거예요.

Q9

생리 중 다이어트 방법이 궁금해요!

생리 시작 일주일 전에는 살찌는 시기,
생리 중에는 철분 보충 시기,
생리 후부터는 다이어트 황금기예요.

생리 일주일 전부터는 프로게스테론 수치가 증가해 몸의 영양분과 수분을 최대로 저장·흡수해요. 그래서 적게 먹어도 살찌고 식욕의 통제가 어려운 '호르몬의 노예'가 되죠. 이때 호르몬에 져서 폭식하면 몸도 상하고 체중 증가, 붓기가 심해지니 식이조절은 하되 정말 먹고 싶은 게 있다면 하루 한 끼 정도만 먹고 스트레스를 날려요.

생리 중에는 미역 같은 해조류, 살코기를 섭취해 철분을 보충해요. 과격한 운동은 피하고 가벼운 유산소, 스트레칭 위주로 적절히 관리해주세요.

생리가 끝나면 같은 운동과 식단만으로도 살이 훨씬 잘 빠지는 시기예요. 황금기를 놓치지 말고 탄수화물 양을 좀 더 줄이고 양질의 단백질, 지방, 식이섬유가 풍부한 음식을 섭취하며 운동 강도를 살짝 높이면 다이어트 효과가 극대화될 거예요.

Q10

다이어트 중 '치팅데이'와 외식할 때 메뉴 선정이 궁금해요!

우선 자신이 '치팅데이'를 갖는 것이 맞는지, 음식을 조절할 수 있는지 다양한 시도를 해보세요.

저는 '치팅데이' 일정을 미리 정하지 않고 5~10일 사이 1~2회 정도 데이트나 약속이 있는 날, 하루 한두 끼를 맛있게 먹었어요. '치팅데이'라고 해서 무작정 아무거나 입에 때려 넣는 것이 아니라 단백질 위주의 맛있는 건강식으로 평소 먹는 양의 최대 1.5배 정도만 먹는 게 제일 좋아요.

외식 메뉴 추천

육류 소고기, 오리고기, 돼지고기(기름이 적은 부위, 양념갈비나 주물럭 등의 간이 센 고기 제외), 기름 뺀 통닭구이, 쌈밥(쌈장이나 젓갈, 조림반찬은 양 조절, 쌈채소, 쌈다시마 많이 섭취)

해산물 회, 회덮밥(밥은 1/2만 섭취), 초밥(밥에 설탕이 들어가니 밥 양 적게 주문), 오징어숙회, 조개구이

국물 버섯전골, 두부전골, 콩국수(국수는 1/2만 섭취), 삼계탕(국물 조절), 샤부샤부(고기, 버섯, 채소 위주)

Q11

아직 빼야 할 살이 많은데 벌써 지쳐요. 권태기를 극복하는 방법이 있나요?

자극적인 광고와 먹방이 넘쳐나는 세상, 체중계는 그대로인 현실, 다이어트 하기 힘드셨죠?

다이어트 광고와 SNS 사진에 동요하지 말고, 남과 나를 비교하지 않으며 조급함을 버리세요. 쉽게 뺀 살은 쉽게 쪄요. 조급함을 버리는 게 쉽지 않지만 제가 다이어트 권태기 때마다 실천했던 몇 가지를 알려드릴게요.

- 감량에 성공한 이후 변화할 내 모습에 대해 내면, 외면 상관없이 구체적으로 적어보기
- 다이어트 하는 동안 내가 잘했던 것들을 쭉 적어보기
- 주말에 밀프렙 도시락을 만들면서 주중 식단을 미리 계획하기
- 눈바디(비포사진)를 꾸준히 찍고 멋지게 변할 몸매 상상하기
- 항공권 예약과 동시에 여행 계획하기
- 새로운 운동에 도전하기
- 감량 성공 후 입고 싶은 옷을 미리 구매하기

글샘쌤에게
운동에 관해 물어보세요!

Q&A

운동에 관한 질문 또한 많이 받아서 저의 트레이너 선생님이신 글샘쌤이 도움을 주셨어요. 저도 글샘쌤에게 트레이닝을 받고 나서 제 몸의 특징을 잘 알게 되었고 안면비대칭과 몸의 자세가 좋아진 것은 물론이며 원하는 몸매를 만드는 중이에요. 전문가인 글샘쌤이 알려주는 돈 주고도 못 사는 꿀팁으로 건강하고 날씬하게 운동하세요.

인스타그램 @guel_saem_ssam

Q1 근육을 늘리면서 체지방을 줄이는 방법을 알려주세요.

린매스업(lean mass up)이라는 운동법을 추천해요. 운동 시간, 강도, 빈도는 웨이트트레이닝 6, 유산소운동 4 정도가 가장 좋아요. 근력운동을 하기 좋은 때는 점심, 근육이 가장 많이 늘어나는 때는 수면 중입니다. 오전에는 칼로리와 에너지가 부족해서 근손실이 많이 생기고 근력이 떨어져요.

Q2 폭식하거나 술 마신 다음 날은 어떻게 운동해야 할까요?

음주를 하면 수분 부족과 간 손상을 고려하여 다음 날엔 이온음료나 수분을 많이 섭취하고 1시간 정도의 유산소운동을 권장해요. 한의사 선생님 또한 같은 답변을 주셨습니다.
폭식을 했다면 운동을 다음 날로 미루지 않는 게 가장 좋아요. 다음 날 운동은 큰 차이 없이 근력운동과 유산소운동을 병행해주세요.

Q3 근육량을 늘리는 꿀팁이 있나요?

근육량을 늘리는 꿀팁은 두 가지예요. 성장호르몬 분비량이 높은 새벽 2~3시에 깊은 수면에 빠지며 최소 6시간 이상 자는 것, 탄수화물, 단백질, 지방이 포함된 아침을 꼭 먹는 것이에요. 아침에 근육이 가장 많이 감소하니 근육이 적고 체지방이 많은 인바디 결과를 받았다면 아침을 꼭 챙겨 드세요.
단, 근육량을 늘리기에 앞서 내가 근육량을 늘려야 하는지, 근육 자체의 긴장도를 올리면서 지방을 감량해야 하는지 살펴봐야 해요. 두 경우는 운동 접근법이 매우 다르거든요. 팔, 어깨, 특히 여성이 원하는 11자 복부 라인은 근육량이 많아서가 아니라 체지방이 적어서 드러나는 거예요. 단순히 보이는 것만 위해 근육량을 늘리려고 하면 원하는 보디라인으로부터 멀어질 수 있으니 주의하세요.

Q4 상하체 균형을 맞추는 법과 상체·하체 비만에 좋은 운동을 알려주세요!

상체가 큰 분은 흉곽, 늑골이 벌어져 있는 분이 많아요. 이를 조여주는 흉식호흡법, 견갑골 상방회전운동, 외내복사근운동을 권장합니다. 오랜 시간 서 있거나 앉아 있어 생기는 부종으로 인한 하체 비만인 경우, 부종 완화를 위해 하체스트레칭과 적절한 유산소운동을 함께하는 게 좋아요. 근육형일 경우, 이완 스트레칭과 마사지, 허벅지 근육의 휴식이 필요합니다. 여성은 여성호르몬 때문에 20대 초반엔 하체 지방 세포의 지방 흡수가 높고, 20대 중후반부터는 허리나 복부의 지방 흡수가 높아져 다리가 자연스럽게 얇아질 수도 있어요. 각 운동법은 유튜브에서 검색하세요.

Q5 부위별 감량법이 궁금해요!

아쉽게도 부위별 감량법은 없어요. 부위별 체지방 감량은 생리학적인 정보가 없는 고객분들의 요구에 맞춘 자극적인 피트니스 마케팅이라고 생각하시면 됩니다. 하지만 전문 트레이너는 부위별 고민을 정확히 파악해 다른 관점에서 해결책을 찾아요. 허벅지 안쪽이나 팔 뒤쪽 등 탄력이 없는 부분은 근력운동, 체형 교정을 통해 피하지방 아래의 근육톤을 강화하며 최대한 체형의 단점을 보완합니다.

Q6 정체기가 온 것 같아요. 운동이나 식단에 변화를 줘야 할까요?

정체기에는 두 가지 경우가 있어요. 첫 번째는 과도하게 굶는 다이어트로 인한 빠른 정체기예요. 처음에는 탈진으로 체중이 빨리 감량되다가 수분 고갈 이후 지방이 빠지지 않아요. 이럴 땐 영양 회복을 위해 최소 일주일 정도는 정상적인 식사가 필요합니다. 단기적으로는 체중이 다시 늘지만 체수분이 회복되는 과정이에요. 이후에는 충분한 강도의 유산소운동과 고단백 저탄수화물 식단으로 관리하면 정체기 없이 감량이 가능합니다. 두 번째는 감량에 성공한 이후의 감량 속도가 더뎌지는 실질적인 정체기예요. 이때는 생명 유지에 필요한 영양소를 잃지 않기 위한 생리적 작용이니 스트레스 받지 말고 받아들여야 해요. 절제된 식사나 과한 운동은 오히려 역효과가 납니다. 일주일 정도는 운동 휴식과 정상적인 식사로 영양을 보충하고, 특히 불포화지방산과 비타민, 미네랄, 수분 보충에 신경 쓰세요.

Q7. 집에서 할 수 있는 근력운동을 추천해주세요.

서 있는 동안에 척추와 골반 정렬이 무너지는 분이 대부분이에요. 그래서 부상 위험을 최소화하면서 운동 효과를 보장하는 '바닥에 누워서 하는 동작'을 권해요. 아래의 운동은 유튜브에서 검색해보세요.

토 터치(toe toch) 발가락을 터치하는 동작의 코어운동

백 익스텐션(back extention) 바닥에 엎드려서 상체를 들어 올리는 척추기립근+햄스트링운동

엑스롤(x-roll) 바닥에 엎드려 두 팔과 다리를 떼고 좌우로 굴러 뒤집는 코어+로테이터운동

코브라자세 엎드려서 양손을 짚고 상체를 곧추세우는 자세로 어깨+삼두+흉추기립근운동

고양이자세 무릎을 꿇고 몸을 ㄷ자로 만들어 등을 말았다가 펼치는 자세로 코어+흉추 및 경추 정렬+호흡 강화운동

동물걸음(animal walk) 오리걸음, 토끼뜀, 게걸음, 살금살금 걷는 고릴라, 말걸음, 카멜레온 등을 따라 하는 전신근력운동

Q8. 유산소, 무산소운동은 어떤 순서로 하는 게 효과적일까요?

에너지 소비단계는 탄수화물▶단백질▶체지방이에요. 몸에서 가장 먼저 소비하는 탄수화물을 단시간에 고갈하는 근력운동을 먼저 하세요. 1시간 이내의 근력운동이 끝나면 유산소운동으로 넘어갑니다.

Q9. 좋은 PT 선생님을 만나고 싶어요!

- **지인 소개**

전문성, 태도가 좋은 트레이너를 만날 수 있어요.

- **자격증 및 실제 활동경력 확인** (트레이너 활동기간, 근무경력)

경력 단절이 길면 가르치는 디테일이 떨어질 수 있어요. 가급적 일반 헬스장보다는 PT숍의 근무 기간이 길수록 좋아요.

- **상담이나 체험을 통한 컨설팅 요청**

상담 응대가 만족스럽더라도 비용 결제 이후에는 불성실한 태도를 보이거나 가르침의 전문성이 떨어지고 느슨해질 수 있어요. 가급적 처음부터 트레이닝 목적과 달성에 필요한 기간, 실제 사례를 좀 더 구체적으로 요구하세요. 등록은 상담 당일에 하지 말고 다음 날로 미루는 게 좋습니다. 매출 등록이 최대 목표인 트레이너인 경우에는 가격 조율로 등록을 유도하는 경향이 높다는 사실도 잊지 마세요.

코브라자세

백 익스텐션

고양이자세

평일

회사를 다니던 평일에는 일주일치 밀프렙을 준비해 점심엔 도시락을 먹었고, 중간중간 건강한 간식을 꼭 챙겨 먹었어요. 헬스클럽을 다니지 않는 대신 틈틈이 생활 속 틈새운동을 하며 습관을 만들었고요. 집에서는 동영상을 보며 홈트레이닝을 했어요. 오래 앉아 있으니 다리가 자주 부어 스트레칭과 다리 마사지는 필수였죠.

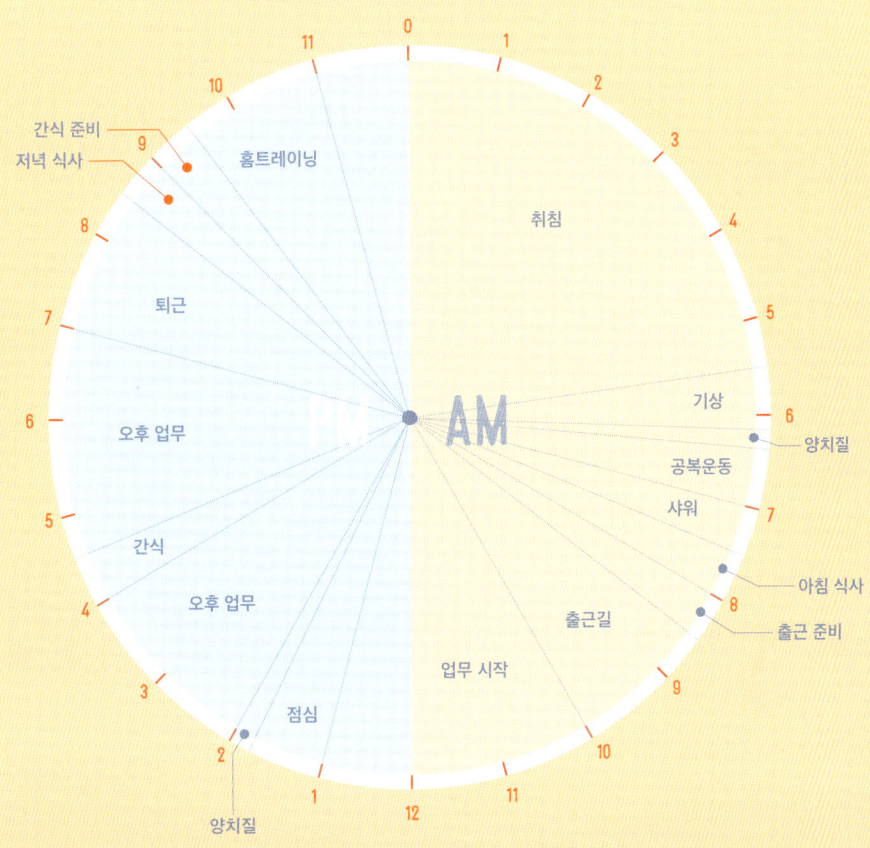

AM 5:30-6:00 기상

AM 6:10 양치질 후 공복 물 한 잔

AM 6:20 공복운동(스트레칭 후 빠르게 20분 걷기, 종아리 폼롤러로 풀기)

AM 7:00 샤워(씻으면서 종아리 마사지)

AM 7:30 아침 식사

AM 8:00 출근 준비

AM 8:30 출근길 에스컬레이터나 엘리베이터 이용하지 않기, 지하철에서 배에 힘주고 서 있기

AM 10:00 업무 시작(틈틈이 물 마시기, 간단한 간식 섭취(방울토마토, 스틱채소, 견과류 등)

PM 1:00 점심(전날 혹은 주말에 만든 다이어트 밀프렙 도시락)

PM 1:45 양치질 후 계단 오르기 틈새운동

PM 2:00 오후 업무 시작(틈틈이 물 마시기)

PM 4:00 집중력이 떨어진 틈을 타 틈새 간식(닭가슴살소시지, 삶은 달걀, 단백질 선식, 견과류 등), 틈새운동(계단 오르기, 화장실 스쿼트)

PM 7:00 퇴근길 에스컬레이터나 엘리베이터 이용하지 않기, 지하철에서 배에 힘주고 서 있기, 버스 두 정류장 전에 먼저 내려 걷기

PM 8:30 저녁 식사

PM 9:00 소화시킬 겸 다음 날 식단, 간식 준비

PM 9:30 홈트레이닝(상·하체데이 나눠서, 스트레칭은 매일)

PM 11:00 샤워(씻으면서 종아리 마사지)

PM 11:30 취침(취침 전 L자다리 스트레칭 혹은 공기압 마사지)

토요일

데이트를 하거나 친구를 만나는 토요일! 평소보다 다양한 음식을 과식할 수 있으니 아침 겸 점심을 천천히 먹고, 오후 2~3시쯤 점심시간이 지난 후 만나 이른 저녁을 먹어요. 가만히 앉아 있는 영화 관람보다는 조금 더 활동적인 아이쇼핑이나 VR게임, 한강에서 자전거 타기 등을 해요.

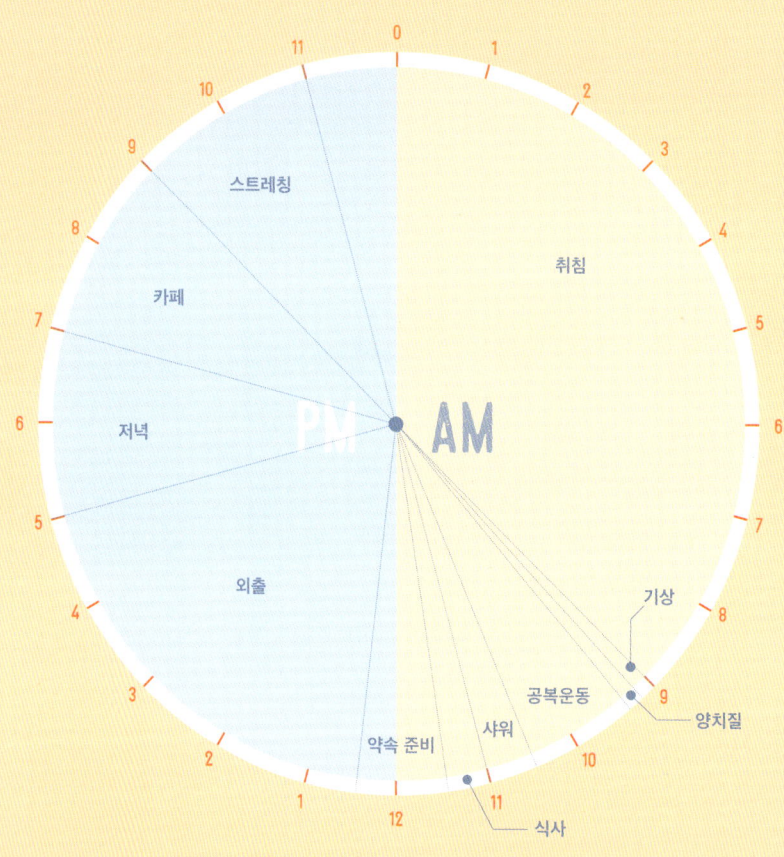

AM 9:00 기상

AM 9:10 양치 후 공복 물 한 잔, 바나나 1개 섭취

AM 9:20 공복운동
(스트레칭 후 가벼운 40분 등산, 종아리 폼롤러로 풀기)

AM 10:30 샤워(씻으면서 종아리 마사지)

AM 11:00 아침 겸 점심 식사

AM 11:30 약속 준비

PM 12:30 외출 시 에스컬레이터나 엘리베이터 이용하지 않기, 지하철에서 배에 힘주고 앉거나 서 있기, 날이 좋으면 많이 걷고 아이쇼핑, VR게임 등 활동적인 것 하기

PM 5:00 이른 저녁 외식(단백질 위주의 메뉴 선정, 채소 많이 섭취, 평일보단 양껏 맛있게 먹되 폭식은 No!)

PM 7:00 카페에서 수다 떨기(아메리카노나 티 종류 선택. 과일주스 마실 경우 시럽 빼기, 물 많이 마시기)

PM 9:00 이후 귀가 후 간단한 맨몸운동, 스트레칭

AM 12:00 이전 취침 (취침 전 L자다리 혹은 공기압 마사지)

일요일

현재까지도 과식한 다음 날 지키는 관리 루틴이에요. 공복 12시간 이후부터는 인슐린 분비가 급격히 줄어 지방이 연소된다고 해서 공복 16시간을 지켜요. 유산소운동 후 샐러드, 스무디로 첫 끼를 가볍게 시작하죠. 공복 24시간이 지나면 체내 대사율이 떨어지니 너무 오래 굶지는 마세요. 주말에 공복 유산소, 가벼운 산책 등 운동은 하되 무산소운동은 쉬어갔어요. 근육을 생성하고 유지하기 위해서는 하루 정도 휴식도 필요해요.

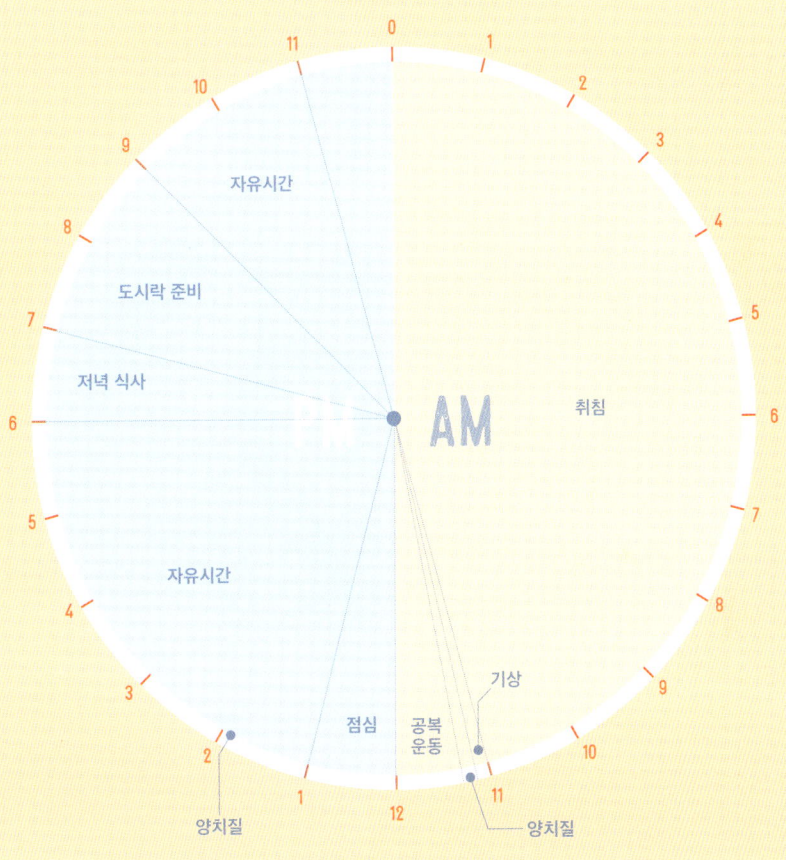

AM 11:00   늦잠을 충분히 자면서 공복 유지 시간 늘리기

AM 11:10   양치 후 공복 물 한 잔

AM 11:20   공복운동(스트레칭 후 사이클 30분, 종아리 폼롤러로 풀기)

PM 12:00   아침 겸 점심(최소 12시간~최대 16시간 공복 후 첫 끼, 식단에 그린스무디나 초록색 채소를 충분히 넣기)

PM 1:00   자유시간(강아지 산책, 마트 장보기 등 활동적인 것 하기, 물 틈틈이 마시기, 과일, 견과류 등 간단한 간식)

PM 6:00   단백질, 채소 위주로 저녁 식사

PM 7:00   다음 주 점심 도시락 밀프렙 하기

PM 9:00   자유시간

PM 11:00   취침(취침 전 L자다리 혹은 공기압 마사지)

PART / 2

HIGH PROTEIN
LOW CARBOHYDRATE
DIET RECIPES

귀차니스트라도 괜찮아!

전자레인지로 만드는 뚝딱 한 끼

다이어트 요리의 핵심은 간편함이에요.
일과 학업을 병행하면서 다이어트 하기에도 벅찬데,
요리마저 복잡하면 다이어트를 쉽게 포기하게 돼요.
그래서 현대인의 필수품으로 자리 잡은 전자레인지로
요리 시간을 단축하고 맛도 좋은 요리를 개발했어요.
요리 똥손이나 귀차니스트, 1인 가구도 쉽고 맛있는 다이어트의 세계로
이끌어드릴게요. 불쾌지수가 올라가는
무더운 여름에도 불 옆에 갈 필요 없이 뚝딱 완성되는
행복한 레시피를 소개합니다!

점심
저녁

PART 2 | MICROWAVE

가지피자

제가 SNS에 올린 레시피를 따라 한 후, 많은 분들이 '엄지 척' 올리며 칭찬한 자랑스러운 가지피자를 소개해요. 밀가루 대신 가지를 도우로 활용해서 가볍게 먹을 수 있어요. 부드러운 가지와 새콤달콤한 토마토소스, 아삭한 채소, 고소한 치즈와 달걀까지, 먹을 때마다 살살 녹는 맛이 일품이에요.

• INGREDIENTS

○ 가지 1개
○ 양파 1/4개(40g)
○ 방울토마토 2개
○ 블랙올리브 3개
○ 토마토소스 1+1/2큰술
○ 피자치즈 30g
○ 달걀 2개
○ 올리브유 1/2큰술
○ 루콜라 10g
  (혹은 깻잎)
○ 크러쉬드레드페퍼 약간

1 가지, 토마토, 올리브는 동그란 모양 살려 썰고, 양파는 채 썬다.

2 내열용기에 가지를 펼쳐 담아 피자도우처럼 만들고 올리브유를 뿌린다.

달걀이 올라가는 가운데 부분에는 가지가 겹치지 않도록 해주세요.

양파와 토마토소스를 버무리면 적은 소스 양으로도 쉽게 펴바를 수 있어요.

3 양파와 토마토소스를 버무려 가지 위에 골고루 올리고, 토마토, 올리브, 피자치즈를 토핑한다.

4 달걀을 피자 가운데에 깨 올리고 포크로 노른자를 콕 찍어 살짝 구멍을 낸다.

5 가지피자를 전자레인지로 5분간 가열하고 크러쉬드레드페퍼, 루콜라를 올린다.

아침

초코초코
포리지

꾸덕꾸덕하고 쫀쫀한 식감이 당기는 날, 감미로운 단맛이 생각나는 날, 이제는 건강한
레시피로 식욕을 채울 수 있어요. 몸에 좋은 재료를 섞어 전자레인지로 가열하면
마치 초콜릿범벅 같은 메뉴가 완성돼요. 달콤한 바나나, 초코 향 가득한 무가당
코코아가루, 오트밀과 과일로 만든 놀라운 초코디저트 겸 아침 메뉴를 만나볼까요?

- INGREDIENTS

  ○ 오트밀(퀵오트) 30g
  ○ 바나나 1개
  ○ 딸기 3개
  ○ 블루베리 7개
  ○ 마카다미아 7개
     (혹은 아몬드)
  ○ 저지방우유 2/3컵
  ○ 무가당코코아가루 1큰술
  ○ 카카오닙스 1큰술

1 바나나는 2등분한 다음, 절반만 토핑용으로 먹기 좋게 썰고, 딸기는 모양 살려 2등분한다.

2 썰지 않은 바나나 1/2개를 으깨어 오트밀, 우유, 코코아가루, 카카오닙스와 섞고, 전자레인지로 1분 30초간 가열한다.

좋아하는 견과류와 카카오닙스, 단백질초콜릿 등을 토핑해도 좋아요.

3 가열한 초코오트밀 위에 바나나, 딸기, 블루베리, 마카다미아를 토핑한다.

MINI'S TIP

'포리지'는 귀리, 오트밀 등 잘게 빻은 곡물에 물이나 우유를 넣어 끓인 죽 요리로 아침 식사 대용으로 정말 좋아요. 기호에 따라 소금이나 설탕, 꿀, 크림 등을 곁들여 먹기도 해요.

저녁

PART 2 | MICROWAVE

치즈 달걀프라이

이제 불 없이 전자레인지로 간편하게 달걀프라이를 해보세요. 내열용기에 달걀을 깨 넣고 아삭한 양파, 향긋한 깻잎, 고소한 치즈, 탱글탱글한 새우살을 더하면 매일 먹어도 질리지 않는 치즈달걀프라이가 완성돼요. 달걀노른자를 풀지 않고 전자레인지로 익힐 때는 노른자에 구멍을 내야 가열 시 터지지 않아요.

- INGREDIENTS

- 달걀 2개
- 냉동새우살 50g
- 양파 1/4개(40g)
- 깻잎 4장
- 피자치즈 15g
- 아보카도오일 1/3큰술
  (혹은 올리브유)
- 훈제파프리카가루 약간
- 후춧가루 약간

1 양파는 굵게 다지고, 깻잎은 돌돌 말아 가늘게 채 썬다.

2 내열용기에 아보카도오일을 바르고 달걀을 깨 올린 다음, 포크로 노른자에 구멍을 낸다.

3 양파, 새우살을 올려 피자치즈, 파프리카가루를 뿌린 다음, 전자레인지로 1분 30초씩 2번 가열해 총 3분간 익힌다.

4 후춧가루를 뿌리고 깻잎을 올린다.

MINI'S TIP
깬 달걀을 전자레인지로 가열할 때는 포크나 젓가락 등으로 노른자에 구멍을 내주세요. 노른자는 얇은 막으로 싸여 있는데 가열하면서 막 내부의 수분이 가열되고 압력이 생겨 노른자가 터져버려요. 그러니 노른자의 막에 꼭 구멍을 내거나 터뜨려서 가열하세요.

저녁

PART 2 | MICROWAVE

달걀 콩비지밥

보들보들한 콩비지와 말캉말캉한 달걀을 섞어서 익히면 얼마나 부드러울까요? 맞아요!
여러분이 생각한 대로 입에 넣는 순간 살살 녹는 달걀콩비지밥이에요. 너무 보드랍기만 하면
포만감이 덜하니까 씹히는 채소와 맛을 단번에 업그레이드해주는 베이컨까지 넣었어요.
양 조절만 잘하면 다이어트 할 때도 충분히 맛있게 먹을 수 있답니다.

- **INGREDIENTS**

  ○ 콩비지 100g
  ○ 달걀 1개
  ○ 베이컨 1줄(20g)
  ○ 당근 50g(1/4개)
  ○ 브로콜리 50g
  ○ 마늘 5개
  ○ 무가당두유 1/2컵
  ○ 허브솔트 약간
  ○ 후춧가루 약간
  ○ 크러쉬드레드페퍼 약간

> 채소다지기를 사용할 땐 채소를 먼저 다지다가 베이컨을 나중에 넣어 다져주세요.

1 당근, 브로콜리, 마늘은 잘게 다지고, 베이컨은 굵게 다진다.

2 내열용기에 콩비지, 두유, 다진 채소, 다진 베이컨, 달걀, 허브솔트를 넣고 잘 섞는다.

3 전자레인지로 5분간 가열해 후춧가루, 크러쉬드레드페퍼를 뿌리고 잘 섞어 먹는다.

점심
저녁

PART 2 | MICROWAVE

다이어트 콩치즈

다이어트를 하면서 가끔씩 고소하고 달콤한 콘치즈가 생각나곤 했어요.
하지만 스위트콘통조림은 너무 달기도 하고 양을 조절해서 먹기도
어렵더라고요. 그래서 식물성 단백질이 풍부한 병아리콩과 콩으로 만든
식물성마요네즈, 무가당두유로 다이어트식 콩치즈를 개발했어요.
병아리콩을 직접 삶을 때는 꼭 6시간 이상 물에 불려서 삶아주세요.

- INGREDIENTS

- 삶은 병아리콩 100g
  (혹은 병아리콩통조림)
- 달걀 1개
- 파프리카 1/2개(50g)
- 양파 1/3개(70g)
- 피자치즈 20g
- 무가당두유 4큰술
- 식물성마요네즈 1큰술
  (혹은 하프마요)
- 후춧가루 약간
- 파슬리가루 약간

1 양파, 파프리카는 다진다.

2 두유, 식물성마요네즈를 섞어 소스를 만든다.

3 내열용기에 병아리콩, 다진 채소, 소스를 넣고 버무려 평평하게 만든다.

4 가운데 홈을 파서 달걀을 깨 올리고, 포크로 노른자에 구멍을 낸다.

5 피자치즈를 뿌리고 전자레인지로 3분 30초간 가열한 다음, 파슬리가루, 후춧가루를 뿌린다.

저녁

PART 2 | MICROWAVE

닭가슴살 치즈순두부

동물성 단백질인 닭가슴살과 식물성 단백질인 순두부가 만나 영양도 만점,
식감도 합격, 맛도 훌륭한 '닭치순'이 탄생했어요. 전자레인지로 가열하면
순두부에서 수분이 자작하게 나와 마치 퓨전 순두부를 먹는 것 같아요.
치즈 속에 숨겨진 따끈한 국물과 함께 몸속까지 따끈따끈한 한 끼를 즐기세요.

- INGREDIENTS

- 닭가슴살볼 60g
  (혹은 삶은 닭가슴살)
- 양파 30g
- 순두부 100g
- 달걀 1개
- 피자치즈 30g
- 토마토소스 2큰술
- 블랙올리브 2개
- 그린올리브 3개
- 크러쉬드레드페퍼 1/2큰술
- 후춧가루 약간

채소다지기를 사용하면 편리해요.

1 닭가슴살볼, 양파를 다져 순두부, 토마토소스와 으깨듯이 섞고, 올리브는 동그란 모양 살려 썬다.

노른자에 포크로 구멍을 내어 가열 시 달걀이 터지는 것을 방지해요.

2 내열용기에 토마토소스와 버무린 재료를 넣고 가운데 달걀을 깨 올린 다음, 올리브, 크러쉬드레드페퍼, 피자치즈를 토핑한다.

3 전자레인지로 3분간 가열하고 후춧가루를 뿌린다.

아침

 PART 2 | MICROWAVE

베이컨 치즈오트밀죽

이 메뉴의 별명은 '울면서 먹을 만큼 맛있는 조합'이자, 이미 제 인스타그램과 유튜브에서 수많은 팔로워들이 맛 검증을 끝낸 인기 메뉴 '양파베이컨치즈포리지'랍니다. 꾸덕꾸덕한 식감 덕분에 포만감이 남다르고, 진한 맛이 리소토와 어깨를 나란히 해요. 만드는 법도 쉬우니까 바쁜 아침 거르지 말고 꼭 챙겨 드세요.

- INGREDIENTS

  ◦ 오트밀(퀵오트) 30g
  ◦ 양파 1/3개(70g)
  ◦ 베이컨 1줄(20g)
  ◦ 슬라이스치즈 1개
  ◦ 저지방우유 2/3컵
  ◦ 옐로머스터드 1큰술
  ◦ 후춧가루 약간
  ◦ 파슬리가루 약간

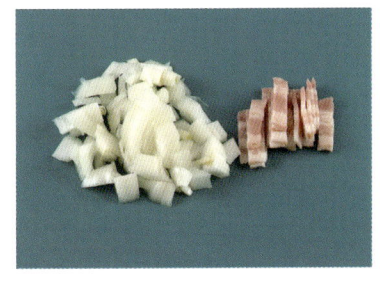

1 양파, 베이컨은 굵게 다진다.

2 내열용기에 오트밀, 양파, 베이컨, 우유를 넣어 섞고 전자레인지로 2분 30초간 가열한다.

3 치즈를 반으로 접어 올린 다음, 후춧가루, 파슬리가루, 옐로머스터드를 뿌린다.

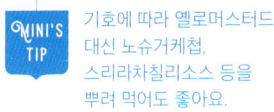

MINI'S TIP 기호에 따라 옐로머스터드 대신 노슈거케첩, 스리라차칠리소스 등을 뿌려 먹어도 좋아요.

간식

PART 2 | MICROWAVE

크런치
치즈카나페

한입에 쏙 먹을 수 있는 귀여운 간식 레시피를 알려드려요. 탄수화물 과자 대신
단백질이 듬뿍 든 달걀과 치즈, 아삭하고 상큼한 토마토와 오이를 조합했더니
대중적인 카나페 못지않게 맛있어요. 전자레인지로 가열해
바삭한 크래커처럼 변신한 크런치치즈가 파삭하고 고소한 맛을 책임질 거예요.

- INGREDIENTS

○ 체다슬라이스치즈 1개
○ 삶은 달걀 1개
○ 방울토마토 3개
○ 오이 1/4개(50g)

1 오이, 토마토는 동그란 모양 살려 썰고, 각각 9조각을 준비한다.

2 치즈는 9등분하고, 삶은 달걀은 동그란 모양 살려 얇게 썬다.

삶은 달걀은 에그슬라이서를 사용하면 깔끔하게 잘려요.

3 종이포일 위에 치즈가 붙지 않게 듬성듬성 올리고, 전자레인지로 1분 30초간 가열한 다음, 30초간 굳힌다.

4 오이 ▶ 달걀 ▶ 토마토 ▶ 치즈 순으로 올려 카나페를 완성한다.

아침
점심

PART 2 | MICROWAVE

고구마 바질피자

고구마를 으깨 도우로 활용한 떠 먹는 고구마바질피자예요.
달콤한 고구마, 고급스러운 풍미로 맛을 높이는 바질페스토, 토마토와
새우까지 알차게 토핑했어요. 만드는 법은 간단하지만 맛도 모양도 만족스러운
사랑스러운 메뉴랍니다. 양파를 채 썰어 페스토와 버무리면
적은 양의 페스토로도 충분히 맛 낼 수 있어요.

- INGREDIENTS

  ○ 고구마 130g
  ○ 냉동새우살 50g
  ○ 피자치즈 25g
  ○ 양파 1/5개(40g)
  ○ 방울토마토 2개
  ○ 블랙올리브 1개
  ○ 크러쉬드레드페퍼 약간
  ○ 바질페스토 1/2큰술
    (혹은 토마토소스)

1 고구마는 껍질 벗겨 물 1큰술과 함께 비닐팩에 넣은 다음, 비닐팩을 느슨하게 봉하여 전자레인지로 3분간 가열한다.

2 양파는 가늘게 채 썰고, 토마토, 올리브는 동그란 모양 살려 썬다.

3 삶은 고구마는 포크로 으깨어 내열용기에 평평하게 올리고, 양파, 바질페스토를 버무려 고구마도우 위에 얇게 얹는다.

4 토마토, 새우, 올리브, 피자치즈를 토핑하고 전자레인지로 3분 30초간 가열한다.

생 바질 잎을 올려서 함께 먹으면 향긋하고 신선해요.

5 크러쉬드레드페퍼를 취향껏 뿌린다.

PART 2 | MICROWAVE

머그컵 에그인헬

다이어트에 양 조절은 필수! 일반적인 에그인헬은 프라이팬에 만들지만 끈기 있는 다이어터인 우리는 머그컵으로 딱 1인분만 만들어요. 만드는 과정은 너무 간단하지만 건강에도 좋고 맛도 좋은 재료들만 조합해서 맛도 비주얼도 최고예요. 머그컵은 꼭 전자레인지 사용이 가능한 내열용기를 선택하세요.

- INGREDIENTS

- 달걀 2개
- 삶은 병아리콩 2큰술
  (혹은 병아리콩통조림)
- 슬라이스치즈 1개
- 방울토마토 3개
- 셀러리 1/2대(50g)
- 마늘 3개
- 양파 1/6개(35g)
- 토마토소스 2큰술
- 후춧가루 약간
- 로즈마리홀 약간
- 호밀빵 3조각

1 셀러리, 양파는 굵게 다지고, 마늘은 편 썰고, 토마토는 동그란 모양 살려 썬다.

2 머그컵에 썰어둔 재료, 병아리콩, 토마토소스, 로즈마리홀을 넣어 잘 섞는다.

로즈마리홀 대신 다른 허브가루를 써도 좋아요.

3 치즈를 얹고 달걀을 깨 올려 포크로 노른자에 살짝 구멍을 낸 다음, 전자레인지로 3분 30초간 가열한다.

노른자에 포크로 구멍을 내어 달걀이 터지는 것을 방지해요.

4 후춧가루를 뿌리고 호밀빵을 곁들인다.

저는 유기농밀 사워도우 (클래식 캄파뉴)를 곁들였어요.

아침

PART 2 | MICROWAVE

체리베리 포리지

체리는 철분 함량이 높고 새콤달콤한 맛에 비해 칼로리가 낮아요.
그래서 다이어트 할 때도 부담 없이 먹기 좋은 과일이죠. 그래서 체리와
블루베리를 듬뿍 넣어 예쁘고 맛있는 메뉴를 만들었어요. 바나나와 오트밀을 섞어
포만감 좋은 포리지 베이스를 만들고, 체리와 블루베리로 예쁘게 토핑하면
보기만 해도 기분이 좋아진답니다.

- INGREDIENTS

○ 체리 5개
○ 바나나 1개
○ 오트밀(퀵오트) 30g
○ 무가당두유 2/3컵
○ 아몬드 10개
○ 블루베리 10개
○ 시나몬가루 약간
○ 타이거너트슬라이스 약간

1 체리는 장식용 체리 1개를 따로 두고, 나머지는 둥글게 칼집을 내어 비틀어서 씨를 빼고, 바나나는 2등분한다.

2 내열용기에 바나나 1/2개를 넣어 으깨고, 오트밀, 두유를 섞어 전자레인지로 1분 30초간 가열한다.

3 오트밀에 나머지 바나나를 꽂고 씨를 뺀 체리, 블루베리, 아몬드를 토핑한다.

4 시나몬가루, 타이거너트를 뿌리고 장식용 체리를 올린다.

MINI'S TIP

얼룩덜룩한 모양이 호랑이와 닮은 타이거너트는 견과류가 아닌 식물의 덩이줄기로 견과류와 비슷해서 너트라고 불려요. 타이거너트에는 단백질, 불포화지방산, 칼륨, 칼슘, 마그네슘 등이 풍부하고 맛 또한 달고 고소해요. 또 식이섬유가 사과의 8배, 고구마의 3배나 되는 다이어트에 좋은 식품이랍니다. 시중에 슬라이스나 분말 형태로 많이 나와 있으니 요리할 때 섞거나 토핑해서 먹어요.

아침
점심

PART 2 | MICROWAVE

오트밀 게맛살찜

게맛살과 달걀, 오트밀의 조합이라니 어디서 고소한 향기가 나지 않나요?
SNS에서 '오크찜(오트밀크래미찜)'으로 유명한 레시피예요.
맛있는 조합에 달걀과 우유를 듬뿍 넣어 촉촉함을 더하고 맵싸한 청양고추와
스리라차칠리소스를 더해 맛에 개성을 살렸어요.
신문지 같은 맛에 놀라 구석에 던져둔 오트밀이 금세 사라질 거예요.

- INGREDIENTS

  ○ 오트밀(퀵오트) 30g
  ○ 게맛살 2개
  ○ 달걀 2개
  ○ 저지방우유 1/2컵
  ○ 청양고추 1개
  ○ 양파 1/3개(70g)
  ○ 스리라차칠리소스 약간
  ○ 파르메산치즈가루 약간
  ○ 파슬리가루 약간

게맛살은 한 겹 포장된 비닐째로 비벼 주면 결대로 쉽게 찢어져요.

1 게맛살은 결대로 찢고, 양파는 굵게 다지고, 청양고추는 얇게 송송 썬다.

2 내열용기에 오트밀, 게맛살, 양파, 청양고추, 우유, 달걀 1개를 넣고 잘 섞는다.

노른자에 구멍을 내야 전자레인지 조리 시 달걀이 터지지 않아요.

3 가운데 부분에 살짝 홈을 파서 나머지 달걀 1개를 깨 올린 다음, 포크로 노른자에 구멍을 낸다.

4 전자레인지로 5분간 가열해 파슬리가루, 치즈가루, 스리라차칠리소스를 뿌린다.

PART 3

HIGH PROTEIN
LOW CARBOHYDRATE
DIET RECIPES

절대 배고프지 않아!

스피디한 영양 만점 아침

아침마다 눈코 뜰 새 없이 출근하고 등교하기 바빠도,
입맛이 없어도, 아침은 거르지 않았으면 좋겠어요.
그래야 근육을 잃지 않고 인생 몸매를 만들어가며 다이어트
할 수 있거든요. 아침에는 오트밀, 통밀식빵, 과일 등 좋은
탄수화물을 챙기고 요요 없이 탄탄한 몸으로 만들어줄 단백질,
좋은 지방까지 하나도 놓치면 안 돼요. 영양소는 골고루,
준비는 스피디하게, 포만감은 적당하게 유지해주는
영양 만점 아침으로 하루를 활기차게 시작하세요.

콩거트볼

간편하게 만들어 재빨리 먹을 수 있는 요거트볼은 수많은 다이어터들의
아침을 책임지고 있는 메뉴예요. 저는 조금 더 꾸덕꾸덕한 식감을 내고 싶어서
요거트볼에 서리태가루와 으깬 바나나를 넣었어요. 요거트와 과일, 콩가루,
견과류로 영양을 챙기고 고소하고 달콤한 맛으로 기분 좋은 하루를 시작하세요.

- INGREDIENTS

- 바나나 1개
- 볶은서리태가루 2큰술
- 무가당요거트 1/2컵(100ml)
- 그릭요거트 1/2큰술
- 딸기 2개
- 블루베리 7개
- 아몬드 7개
- 마카다미아 5개
- 피스타치오 4개
- 카카오닙스 약간
- 타이거너트슬라이스 약간

1 바나나는 껍질 벗겨 포크로 으깬다.

2 으깬 바나나에 서리태가루, 요거트를 섞는다.

딸기 꼭지가 붙어 있게 칼집을 내주세요.

3 딸기 1개는 작게 깍둑 썰고, 나머지 딸기 1개는 세로로 길게 여러 번 칼집을 내서 옆으로 펼친다.

4 섞은 요거트를 그릇에 담고 깍둑 썬 딸기, 블루베리, 견과류, 카카오닙스를 토핑한다.

그릭요거트는 일반 요거트보다 물기가 적고 쫀쫀해요.

5 티스푼으로 그릭요거트를 군데군데 올리고 칼집 낸 딸기를 가운데 올려 장식한다.

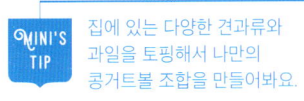

MINI'S TIP 집에 있는 다양한 견과류와 과일을 토핑해서 나만의 콩거트볼 조합을 만들어봐요.

PART 3 | BREAKFAST

에그 아보카도토스트

달걀, 아보카도, 토마토는 다이어트를 하거나 식단을 조절할 때 많이 먹는 식재료예요. 같은 재료가 지루해질 즈음, 마치 크리스마스 리스를 닮은 생기발랄한 토스트를 만들어보세요. 조금 더 예쁘게 차려 먹으면 식사의 질이 올라갈 뿐만 아니라 과식을 일삼던 식욕을 컨트롤하는 것도 쉬워져요.

- **INGREDIENTS**

  - 통밀식빵 1장
  - 달걀 1개
  - 아보카도 1/2개
  - 방울토마토 1개
  - 큐브치즈 1개
    (혹은 슬라이스치즈 1개)
  - 블랙올리브 1개
  - 아몬드 2개
  - 홀그레인머스터드 1/3큰술
  - 레몬즙 약간
  - 크러쉬드레드페퍼 약간
  - 올리브유 약간

올리브는 씨가 없는 것을 사용하세요.

1 방울토마토는 6등분, 치즈는 8등분하고, 아몬드는 굵게 다지고, 올리브는 동그란 모양 살려 썬다.

갈변을 막기 위해 레몬즙을 뿌려주세요.

2 아보카도는 가지런히 얇게 썰어서 비스듬히 눕혀 펼치고 식빵 크기로 동그랗게 만든다.

3 컵으로 통밀식빵의 가운데 부분을 동그랗게 뚫는다.

4 마른 팬에 식빵 한 면을 굽고, 식빵을 뒤집어 약불로 줄인 다음, 식빵이 뚫린 부분에 올리브유를 살짝 두르고 달걀을 깨 넣는다.

5 달걀흰자가 하얗게 익으면 그릇에 토스트를 올리고 빵 부분에만 홀그레인머스터드를 얇게 펴 바른다.

레몬밤 등 향긋한 허브로 장식해도 좋아요.

6 아보카도를 식빵 위 동그란 모양에 맞춰 얹고 토마토, 치즈, 올리브, 아몬드를 올린 다음, 크러쉬드레드페퍼를 뿌린다.

PART 3 | BREAKFAST

아보카도 두부밥

밥순이 다이어터라 탄수화물을 줄이기 어려울 때는 밥을 조금 줄이고 두부를 활용해보세요. 두부를 한 차례 얼리고 녹여서 물기를 꼭 짜 으깨면 포슬포슬한 식감이 밥을 먹는 것 같아요. 동시에 단백질 섭취까지 늘릴 수 있으니 정말 기특한 메뉴죠? 아보카도, 달걀, 김까지 곁들여 영양이 끝내줘요.

- INGREDIENTS

- 얼린두부 1/2모
- 귀리밥 70g
  (혹은 잡곡밥)
- 달걀 1개
- 아보카도 1/2개
- 김 1장
- 올리브유 1/3큰술
- 고추냉이 약간
- 들기름 1/2큰술
- 간장 1큰술
- 햄프시드 약간

1 얼린두부는 전자레인지로 2분간 가열해 물기를 뺀 다음, 칼등으로 으깨 밥과 섞는다.

2 달군 팬에 올리브유를 두르고 달걀프라이를 만든다.

3 김은 가위로 가늘게 자르고, 아보카도는 껍질을 벗기고 가지런히 얇게 썬다.

4 두부귀리밥 위에 달걀프라이, 아보카도, 김, 고추냉이를 올리고 햄프시드를 뿌려 간장, 들기름을 넣고 비벼 먹는다.

MINI'S TIP 얼린두부가 없을 때는 일반 두부를 전자레인지로 2분간 가열해 물기를 빼고 으깨어 밥과 함께 섞어 먹어도 돼요.

PART 3 | BREAKFAST

바나나
단짠프렌치토스트

카페 디저트로 손색없을 만큼 예쁜 모양새를 가진 바나나토스트라면 아침을
활기차게 시작할 수 있어요. 달걀을 머금은 식빵 위에 바나나를 듬뿍 올려
영양을 골고루 채우고, 땅콩버터로 진득한 식감을 채워 포만감이 좋아요.
단짠의 조화가 빵순이 다이어터를 행복하게 만들어줄 거예요.

- INGREDIENTS

○ 통밀식빵 1장
○ 달걀 1개
○ 바나나 1/2개
○ 슬라이스치즈 1개
○ 코코넛오일 1/2큰술
　(혹은 올리브유)
○ 땅콩버터 1/2큰술
○ 시나몬가루 약간

1 그릇에 달걀을 풀어 식빵을 앞뒤로 푹 적신다.

2 달군 팬에 코코넛오일을 두르고 달걀에 적신 식빵을 앞뒤로 노릇하게 굽는다.

3 식빵 한 면에 땅콩버터를 얇게 펴 바르고 치즈를 올려 전자레인지로 20초간 가열한다.

4 바나나를 얇게 썰어서 올리고 시나몬가루를 뿌린다.

로즈마리 등 향긋한 허브로 장식해도 좋아요.

MINI'S TIP

땅콩버터는 단백질과 섬유질이 풍부해서 포만감을 오랫동안 유지하게 도와요. 또 불포화지방산, 비타민 E, 비타민 B6, 아연 등 각종 영양분이 풍부하고 에너지 소비량을 증가시켜 체중 감량에 도움이 돼요. 다이어트 시 하루에 땅콩버터 딱 1순가락까지는 허용되니 조절해가며 먹어요.

PART 3 | BREAKFAST

시금치 양송이닭가슴살수프

수프가 짙은 녹색이라 먹기 전부터 거부감이 든다고요? 저만 믿고 꼭 한번
만들어보세요. 태국식 카레처럼 수프에 시금치를 넣어 응용한 요리인데,
고소한 맛이 좋을 뿐만 아니라 소화가 잘되어 속이 편안하면서도 든든해요.
시금치와 양송이버섯, 닭가슴살 등 몸에 좋은 재료로 살도 빼고 건강도 챙기세요.

- INGREDIENTS

  ○ 시금치 1줌(70g)
  ○ 양파 1/4개(50g)
  ○ 양송이버섯 2개
  ○ 닭가슴살볼 40g
    (혹은 삶은 닭가슴살)
  ○ 무가당두유 1컵
  ○ 슬라이스치즈 1개
  ○ 허브솔트 약간
  ○ 후춧가루 약간

마지막 장식을 위해 양송이버섯 한 조각을 모양 살려 썰어두세요.

1 믹서에 시금치, 양송이, 양파를 한입 크기로 썰어 넣고 닭가슴살볼, 두유와 함께 곱게 간다.

2 냄비에 믹서에 간 재료, 치즈를 넣고 중불에서 눌어붙지 않게 저어가며 충분히 끓여 허브솔트로 간한다.

3 마른 팬에 장식용 양송이버섯 한 조각을 살짝 굽는다.

4 그릇에 수프를 담고 후춧가루를 뿌린 다음, 구운 양송이를 올린다.

PART 3 | BREAKFAST

낫토스트

낫토는 다이어트식으로 정말 좋은 음식인데 특유의 맛과 향, 식감 때문에
꺼리는 분들이 많아요. 그렇다면 제가 소개하는 낫토스트로 낫토에 도전해보세요.
빵과 낫토에 다양한 재료를 끼워 넣어서 낫토의 맛이 많이 감춰지거든요.
생각보다 훨씬 맛있어서 한 번 먹고 나면 분명 즐겨 찾는 레시피가 될 거예요.

- INGREDIENTS

  ◦ 통밀식빵 1장
  ◦ 게맛살 2개
  ◦ 낫토 1팩
  ◦ 슬라이스치즈 1개
  ◦ 양파 1/4개(50g)
  ◦ 바질페스토 1/2큰술
    (혹은 토마토소스)
  ◦ 시판 참깨드레싱 1큰술
  ◦ 크러쉬드레드페퍼 약간
  ◦ 후춧가루 약간
  ◦ 파슬리가루 약간

게맛살은 한 겹 포장된 비닐째로 비벼 주면 결대로 쉽게 찢어져요.

1 양파는 채 썰고, 게맛살은 결대로 찢는다.

2 마른 팬에 앞뒤로 노릇하게 식빵을 굽고, 식빵 한 면에 바질페스토를 얇게 펴 바른다.

3 치즈를 올리고 전자레인지로 20초간 가열한다.

4 채 썬 양파, 게맛살, 참깨드레싱을 버무려 빵 위에 올린다.

5 낫토를 잘 섞어서 빵 위에 올리고 후춧가루, 크러쉬드레드페퍼, 파슬리가루를 뿌린다.

MINI'S TIP

시판 참깨드레싱 대신 홈메이드 아몬드참깨드레싱을 사용해도 좋아요. 무가당두유 200ml, 아몬드 1줌, 식초 1/2큰술, 참깨 1큰술, 볶은서리태가루 1큰술을 믹서에 갈아서 만들어요.

과일피자

아침에 과일을 먹는 방법은 참 다양해요. 요거트나 오트밀에 넣어 먹기도 하지만, 오늘은 상큼한 과일피자로 비타민을 섭취할 거예요. 통밀토르티야에 무가당요거트와 단호박가루를 섞어 영양을 높인 샛노란 소스를 바르고, 다이어트 중에도 부담 없는 상큼한 과일을 토핑하면 기분까지 좋아지는 알록달록한 피자가 완성돼요.

- INGREDIENTS

○ 통밀토르티야 1개
○ 무가당요거트 4큰술
○ 단호박가루 1큰술
○ 골드키위 1/2개
○ 딸기 1개
○ 방울토마토 1개
○ 체리 2개
○ 포도 2개
○ 바나나 1/3개
○ 아몬드 7개
○ 시나몬가루 약간
○ 타이거너트슬라이스 약간

냉장고에 있거나 좋아하는 과일을 활용하세요.

1 키위, 딸기, 토마토, 체리, 포도, 바나나는 모양 살려 납작하게 썬다.

2 마른 팬에 토르티야를 앞뒤로 살짝 굽는다.

3 요거트에 단호박가루를 섞어 토르티야 위에 펴 바른다.

애플민트 등 향긋한 허브로 장식해도 좋아요.

4 썰어둔 과일과 아몬드, 타이거너트, 시나몬가루를 취향껏 토핑한다.

MINI'S TIP 단호박가루는 베이킹 재료를 파는 곳이나 대형마트에서 구입할 수 있어요. 단호박가루, 단호박분말로 검색하면 온라인 구매도 가능해요. 가격이 조금 비싸더라도 국산 제품을 살 것을 추천해요.

PART 3 | BREAKFAST

망고
수란오픈토스트

비타민과 칼륨이 풍부한 망고, 보드라운 수란, 고소한 치즈의 조합은
상상만으로도 맛있지만 실제로는 훨씬 더 맛있어요. 망고는 달콤하고 감미로운
즙을 뿜어내고 수란은 톡 터뜨리면 고소한 노른자가 흘러넘쳐 촉촉한 즙의
향연을 한 입 한 입 느낄 수 있답니다. 달콤한 맛이 당기는 날 아침으로도 좋아요.

- INGREDIENTS

○ 냉동망고 60g
○ 달걀 1개
○ 통밀식빵 1장
○ 양파 1/4개(45g)
○ 깻잎 2장
○ 슬라이스치즈 1개
○ 바질페스토 1/2큰술
○ 올리브유 1/3큰술
○ 식초 1큰술
○ 후춧가루 약간
○ 훈제파프리카가루 약간

1 양파, 깻잎은 채 썰고, 냉동망고는 먹기 좋게 썬다.

2 달군 팬에 올리브유를 두르고 양파를 볶다가 파프리카가루, 후춧가루를 뿌려서 볶는다.

3 달걀은 그릇에 미리 깨 놓고, 끓는 물에 식초를 넣어 약불에서 회오리를 만든 다음, 회오리 안에 달걀을 흘려 넣고 그대로 익혀 수란을 만든다.

4 마른 팬에 식빵을 앞뒤로 노릇하게 굽고 한 면에 바질페스토를 얇게 펴 바른 다음, 치즈를 올려 전자레인지로 20초간 가열한다.

5 식빵 위에 양파▶망고▶수란▶깻잎 순으로 올리고 파프리카가루, 후춧가루를 뿌린다.

옥수수 오트밀전

오트밀이 있다면 밀가루가 없어도 더 건강하고 간단하게 맛있는 전을 만들 수 있어요. 알알이 터지는 옥수수의 식감, 다양한 재료가 어우러져 만들어내는 쫀득한 식감을 동시에 즐길 수 있는 매력적인 전이랍니다. 단호박가루를 넣어 샛노란 색이 먹음직스러울 뿐만 아니라 영양가도 높였어요.

- INGREDIENTS

  ○ 오트밀(퀵오트) 30g
  ○ 달걀 2개
  ○ 게맛살 1개
  ○ 옥수수통조림 4큰술
  ○ 브로콜리 30g
  ○ 양파 1/6개(30g)
  ○ 단호박가루 1/2큰술
  ○ 아보카도오일 1/2큰술
    (혹은 올리브유)

1 믹서에 오트밀을 넣고 간다.

2 게맛살은 손으로 찢고, 브로콜리, 양파는 잘게 다진다.

게맛살은 한 겹 포장된 비닐째로 비벼 주면 결대로 쉽게 찢어져요.

3 갈아둔 오트밀, 게맛살, 브로콜리, 달걀, 양파, 옥수수, 단호박가루를 섞는다.

4 달군 팬에 아보카도오일을 두르고 반죽을 한입 크기로 납작하게 올린 다음, 앞뒤로 노릇하게 굽는다.

MINI'S TIP 합성 첨가물이 없는 유기농 옥수수병조림을 이용하면 좋아요.

참치낫토 채소밥

어릴 때 엄마가 해주던 참치케첩밥을 응용해봤어요. 점심까지 배고프지 않게 도와주는 포만감 좋은 참치와 낫토, 여기에 씹을 때마다 싱그러운 양파와 깻잎을 곁들여요. 마지막으로 노슈거케첩을 살짝 넣고 비비면 맛있는 한 끼가 간단하게 완성돼요. 상큼한 비빔한 한 그릇으로 아침을 상쾌하게 시작해보세요.

- INGREDIENTS

○ 참치통조림 80g
○ 낫토 1팩
○ 잡곡밥 1/3공기(80g)
○ 깻잎 5장
○ 양파 1/4개(45g)
○ 노슈거케첩 약간
   (혹은 일반 케첩)
○ 크러쉬드레드페퍼 약간
○ 후춧가루 약간

1 참치는 체에 밭쳐 끓는 물을 부어 기름기를 제거한다.

2 낫토는 젓가락으로 휘저어 섞고, 양파, 깻잎은 가늘게 채 썬다.

양파의 매운맛을 빼버리려면 잠시 물에 담가둬요.

3 그릇에 밥, 양파, 깻잎, 참치, 낫토를 보기 좋게 담고 크러쉬드레드페퍼, 후춧가루, 노슈거케첩을 뿌려 비벼 먹는다.

MINI'S TIP 설탕이 들어간 일반 케첩보다는 토마토의 단맛으로 맛을 낸 노슈거케첩을 사용하면 좋아요.

마늘달걀
토스트

혀끝에 감도는 달콤함과 구운 마늘의 고소한 향…. 빵순이였던 저는 사 먹는 마늘빵에 마늘스프레드가 적은 게 늘 아쉬웠어요. 또 다이어트 할 때 마늘빵을 먹으면서 걱정이 되기도 했고요. 그래서 통밀빵에 마늘을 듬뿍 넣고 좋은 재료로 바꿔, 사 먹는 것보다 건강하고 맛있는 마늘달걀토스트를 만들었답니다.

- INGREDIENTS

- 통밀식빵 1장
- 달걀 1개
- 마늘 12개
- 무염버터 10g
- 피자치즈 10g
- 꿀 1/2큰술
- 식물성마요네즈 1큰술
  (혹은 하프마요)
- 파슬리가루 1/2큰술

1 마늘은 잘게 다진다.

2 무염버터는 전자레인지로 15초간 가열해 녹이고 다진 마늘, 꿀, 식물성마요, 파슬리가루를 섞어 마늘스프레드를 만든다.

3 식빵은 숟가락으로 가운데 부분만 동그랗게 꾹꾹 눌러 홈을 만든다.

4 식빵에 마늘스프레드를 바르고 가운데 홈에 달걀을 깨 올린다.

5 에어프라이어 180℃에서 10분, 피자치즈를 올려 5분간 더 굽는다.

MINI'S TIP 전자레인지로 만들 땐 노른자를 포크로 터뜨리고 5분간 가열하세요. 에어프라이어로 만든 것처럼 바삭하진 않지만 마늘 향이 좋아요.

PART 3 | BREAKFAST

고구마 병아리콩수프

아침을 든든하게 시작하게 해줄 고소하고 달콤한 고구마병아리콩수프예요.
식이섬유가 풍부한 고구마, 고단백식품인 병아리콩에 마카다미아 같은
견과류를 넣어주면 영양을 보완해주고 맛의 깊이가 더해져 고급 레스토랑
못지않은 수프가 완성돼요. 콩과 견과류 몇 알을 토핑으로 올리면 훨씬 예뻐요.

- INGREDIENTS

- 2회 분량
- 고구마 180g
- 양파 1/2개(90g)
- 삶은 병아리콩 2줌(80g)
  (혹은 병아리콩통조림)
- 마카다미아 1줌(30g)
  (혹은 아몬드)
- 저지방우유 2컵
- 슬라이스치즈 1개
- 허브솔트 약간
- 후춧가루 약간

1 고구마는 껍질 벗겨 물 1큰술과 함께 비닐팩에 넣은 다음, 비닐팩을 돌돌 돌려 느슨하게 봉하고 전자레인지로 3분간 가열한다.

2 믹서에 익은 고구마, 양파를 한입 크기로 썰어 넣고, 삶은 병아리콩, 마카다미아, 우유와 함께 간다.

우유는 처음부터 다 넣지 말고 1/2컵 정도 남겼다가 마지막에 믹서에 묻은 잔여물과 다시 한 번 갈아주세요.

3 냄비에 갈아둔 재료를 넣고 약불에서 끓이다가 허브솔트, 치즈를 넣고 치즈가 녹을 때까지 저어가며 데운다.

4 치즈가 다 녹으면 후춧가루를 뿌리고 마카다미아를 토핑한다.

삶은 병아리콩 몇 알을 함께 토핑하면 좋아요.

새우
아보토스트

아보카도와 함께 알싸한 채소를 '채소다지기' 도구로 순식간에 으깨어 빵에 바르면 고칼로리 스프레드 부럽지 않은 맛 좋은 스프레드가 탄생해요. 채소가 아삭아삭 씹히는 아보카도스프레드 위에 보들보들한 달걀과 탱글탱글한 새우를 올리고 제로칼로리 머스터드까지 뿌려 환상적인 아침 식사를 즐겨보세요.

- INGREDIENTS

  o 통밀식빵 1장
  o 달걀 1개
  o 칵테일새우 6마리
  o 아보카도 1/2개
  o 파프리카 약간(15g)
  o 양파 15g
  o 블랙올리브 3개
  o 올리브유 1/3큰술
  o 후춧가루 약간
  o 바질가루 약간
  o 레몬즙 약간
  o 옐로머스터드 1큰술
  o 파슬리가루 약간

다지기 도구가 없으면 모든 재료를 칼로 충분히 다져서 후춧가루와 레몬즙을 섞어주세요.

1 양파, 파프리카를 채소다지기에 넣고 충분히 다지다가 아보카도, 올리브, 후춧가루, 레몬즙을 넣고 다시 한 번 다져 아보카도스프레드를 만든다.

2 마른 팬에 식빵을 앞뒤로 노릇하게 굽는다.

3 달군 팬에 올리브유를 둘러 달걀프라이를 만들고, 새우에 바질가루를 뿌려 함께 굽는다.

4 식빵 한 면에 아보카도스프레드를 바르고, 구운 새우, 달걀프라이를 올린다.

5 옐로머스터드, 파슬리가루를 뿌린다.

MINI'S TIP 머스터드는 당류가 첨가되지 않은 옐로머스터드, 프렌치머스터드, 클래식머스터드, 홀그레인머스터드 등을 쓰세요. 허니머스터드는 당류가 첨가되어 단맛이 나고 칼로리가 높으니 피해주세요.

PART 4

HIGH PROTEIN
LOW CARBOHYDRATE
DIET RECIPES

사 먹는 밥이 부럽지 않아!

맛있고 든든한 점심 도시락

아시죠? 다이어트 중에는 하루의 중심인 점심 끼니를 가장 잘 챙겨야 한다는 걸요! 잘 먹은 점심 한 끼가 유혹이 넘치는 저녁 폭식과 과식을 막아줘요. 이제 다이어트 중에 닭가슴살, 고구마만 뜯으며 동료와 친구의 눈치를 보지 않아도 돼요. 다이어트 도시락이라고는 믿기 힘든 모양새와 맛, 영양까지 똑똑하게 챙겼으니 자랑해도 괜찮아요! 우리 100점 만점 다이어트 도시락으로 굶지 말고 든든하게 다이어트 해요. 참, 점심과 저녁 사이에 간단한 간식도 꼭 챙기세요.

PART 4 | LUNCH BOX

에그에그
샌드위치

정말 신기해요. 달걀은 왜 먹어도 먹어도 질리지 않을까요? 그래서 달걀을
두 가지 방법으로 조리해 샌드위치에 넣어봤어요. 같은 달걀이지만 두 가지
식감과 두 가지 맛이 느껴져 새롭고, 모양도 너무 예뻐요. 이미 제 유튜브에서도
많은 관심을 받았던 사랑스러운 레시피니까 꼭 만들어보길 추천해요.

- INGREDIENTS

- 달걀 4개
- 통밀식빵 2장
- 오이 50g
- 양파 40g
- 청상추 5장
- 식물성마요네즈 1큰술
  (혹은 하프마요)
- 홀그레인머스터드 1/3큰술
- 후춧가루 약간
- 식초 약간
- 소금 약간

1 달걀은 식초, 소금을 넣은 물에서 10분 이상 완숙으로 삶고, 찬물에 담갔다가 껍질을 벗긴다.

채소다지기와 에그슬라이서를 사용하면 편리해요.

2 삶은 달걀 3개는 곱게 다져 식물성마요, 후춧가루를 넣어 버무리고, 나머지 삶은 달걀 1개는 동그란 모양 살려 얇게 썬다.

3 상추는 씻어서 물기를 빼고, 양파는 가늘게 채 썰고, 오이는 얇게 편 썬다.

4 마른 팬에 식빵을 앞뒤로 노릇하게 굽고, 식빵 1장에만 한 면에 머스터드를 얇게 펴 바른다.

5 매직랩을 깔고 머스터드 식빵▶다진 달걀▶달걀슬라이스▶오이▶양파▶상추 순으로 올리고 나머지 식빵 1장을 덮는다.

17쪽 샌드위치 포장법을 참고하세요.

6 샌드위치를 랩으로 포장하고 반으로 잘라 아침과 점심, 혹은 점심과 간식으로 나눠 먹는다.

PART 4 | LUNCH BOX

마늘종 베이컨볶음밥

마늘을 잘 못 드시는 분, 씹는 식감을 좋아하는 분이라면 여기를 주목하세요!
마늘만큼 영양가가 높고 식이섬유가 풍부해 다이어트에 좋은 마늘종을 넣은
매력적인 볶음밥이에요. 아삭하게 씹히는 마늘종과 부드러운 스크램블드에그,
향긋하고 풍미 좋은 베이컨이 만나 여러분의 점심을 행복하게 해드려요.

- INGREDIENTS

  ○ 달걀 2개
  ○ 잡곡밥 80g
  ○ 베이컨 20g
  ○ 양파 1/3개(60g)
  ○ 마늘종 40g
  ○ 올리브유 2/3큰술
  ○ 허브솔트 약간
  ○ 후춧가루 약간

1 마늘종, 양파는 잘게 썰고, 베이컨은 1cm 폭으로 썬다.

2 달걀은 잘 풀고, 달군 팬에 올리브유 1/3큰술을 둘러 달걀물을 부은 다음, 덜 익은 스크램블드에그를 만들어 덜어둔다.

3 달군 팬에 올리브유 1/3큰술을 두르고 마늘종, 양파를 볶다가 베이컨, 밥을 넣어 충분히 볶는다.

4 스크램블드에그를 넣고 허브솔트, 후춧가루를 뿌려 재빨리 볶는다.

PART 4 | LUNCH BOX

연근 콩비지리소토

아삭아삭한 연근은 재밌는 식감만큼이나 식이섬유와 비타민이 풍부하고
면역력 증진에 좋은 뿌리채소예요. 연근과 함께 쫄깃한 돼지고기, 부드러운
콩비지, 귀리밥과 유제품으로 한국식 콩비지를 서양식 콩비지리소토로
업그레이드했어요. 단 한 입만으로 매력적인 맛에 반하게 될 거예요.

- INGREDIENTS

  ○ 돼지목살 80g
  ○ 잡곡밥 80g
  ○ 연근 45g
  ○ 양파 1/5개(40g)
  ○ 깻잎 4장
  ○ 블랙올리브 3개
  ○ 올리브유 1/3큰술
  ○ 콩비지 4큰술
  ○ 무가당두유 1/2컵
  ○ 슬라이스치즈 1개
  ○ 허브솔트 약간
  ○ 후춧가루 약간

1 양파, 연근, 돼지목살은 굵게 다지고, 올리브는 동그란 모양 살려 썰고, 깻잎은 돌돌 말아 가늘게 채 썬다.

2 달군 팬에 올리브유를 두르고 양파를 볶다가 목살을 넣어 볶는다.

3 연근, 밥, 콩비지, 두유를 넣고 눌어붙지 않도록 저어가며 끓인다.

4 올리브, 치즈, 허브솔트를 넣어 치즈가 녹을 때까지 저어가며 끓인다.

5 그릇에 담아 후춧가루를 뿌리고 깻잎을 올린다.

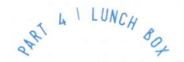

달걀지단 부리토

밀가루가 들어간 토르티야 대신 달걀지단으로 만든 부리토는 탄수화물을
줄이고 단백질을 늘린 정직한 고단백 저탄수 음식이에요. 달걀에 전분가루를
조금 섞어 지단을 만들면 잘 찢어지지 않아서 부리토를 쉽게 말아낼 수 있어요.
한 손으로 들고 먹기 좋아서 간편한 도시락 메뉴로 최고랍니다.

- INGREDIENTS

- 달걀 2개
- 잡곡밥 100g
- 깻잎 4장
- 청상추 3장
- 토마토(작은 것) 1개(60g)
- 당근 20g
- 양파 20g
- 양송이버섯 1개
- 슬라이스치즈 1개
- 감자전분 1/3큰술
- 토마토소스 1/2큰술
- 크러쉬드레드페퍼 약간
- 올리브유 약간

달걀에 전분을 섞으면 찢어지지 않는 탄탄한 지단을 만들 수 있어요.

1 달걀, 감자전분을 잘 섞는다.

2 달군 팬에 올리브유를 둘러 키친타월로 가볍게 닦아내고, 달걀물을 부어 지단을 부친 다음, 한 김 식힌다.

3 깻잎 2장은 꼭지만 떼고, 나머지 깻잎 2장, 상추는 돌돌 말아 채 썬다.

4 토마토, 양파, 당근, 양송이는 잘게 다진다.

5 달군 팬에 올리브유를 두르고 다진 채소, 밥, 토마토소스, 크러쉬드레드페퍼를 넣고 수분이 날아갈 때까지 충분히 볶는다.

6 랩을 깔고 식은 지단을 올려 깻잎 2장▶치즈▶볶음밥▶ 채 썬 깻잎과 상추 순으로 올려 김밥 말듯이 랩을 돌돌 말아 포장한다.

7 포장한 랩의 공기를 빼면서 다시 랩으로 한 번 더 포장해 반으로 자른다.

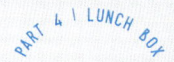

시금치페스토 닭가슴살파스타

마트에서 저렴하게 파는 시금치로 고급스러운 시금치페스토를 만들어보세요.
모든 재료를 믹서에 갈면 완성이니 정말 쉽죠? 이렇게 간단하지만
맛은 얼마나 좋고 활용도는 얼마나 높다고요. 파스타에 넣고 빵에 발라 먹고
소스로 활용하면서 건강에 좋은 시금치를 많이 많이 드세요.

- INGREDIENTS

  ○ 완조리닭가슴살 100g
    (혹은 삶은 닭가슴살)
  ○ 통밀파스타(탈리아텔레) 45g
  ○ 시금치 150g
  ○ 마늘 3개
  ○ 호두 1줌
  ○ 파르메산치즈가루 1/2컵
  ○ 올리브유 10큰술
  ○ 레몬즙 2큰술
  ○ 소금 약간

1 시금치는 씻어서 물기를 빼고, 완조리닭가슴살은 먹기 좋게 썬다.

열탕 소독한 유리병에 담아 냉장 보관해요.

2 믹서에 시금치, 호두, 마늘, 치즈가루, 올리브유, 레몬즙을 넣고 갈아 시금치페스토를 만든다.

파스타는 봉지에 적힌 시간대로 삶아요.. 통밀 탈리아텔레는 8분간 삶았어요.

3 끓는 물에 소금을 넣고 파스타를 삶아 건진다.

4 달군 팬에 약불로 삶은 파스타, 시금치페스토 3큰술을 넣고 버무린다.

5 그릇에 파스타를 담고 닭가슴살을 올린다.

 MINI'S TIP 시금치페스토는 약 일주일간 냉장 보관할 수 있어요. 남은 페스토는 빵에 발라 먹거나 소스로 활용하세요. 더 오래 보관할 경우에는 얼음틀에 얼려 냉동 보관해요.

PART 4 | LUNCH BOX

달걀피자

다이어트 할 때 부담스러웠던 밀가루 도우 대신 달걀지단을 도우로 활용한
달걀피자예요. 식감이 심심할 수 있는 달걀도우에 양파와 애호박으로 씹는
즐거움을 더했어요. 일반 소시지 대신 닭가슴살소시지와 익숙한 갖은 채소를
토핑으로 올리면 속이 편하고 영양 많은 달걀피자가 완성돼요.

• INGREDIENTS

- 달걀 2개
- 닭가슴살소시지 40g
- 양파 1/4개(45g)
- 파프리카 15g
- 애호박 1/5개(40g)
- 블랙올리브 2개
- 피자치즈 20g
- 토마토소스 1큰술
- 올리브유 1/3큰술
- 파슬리가루 약간
- 스리라차칠리소스 약간

1 애호박은 얇게 반달 썰고, 양파는 가늘게 채 썰고, 피망은 네모낳게 썰고, 소시지와 올리브는 동그란 모양 살려 썬다.

2 달걀은 잘 풀어 양파의 2/3 분량을 섞고, 달군 팬에 올리브유를 둘러 달걀물을 부은 다음, 앞뒤로 구워 달걀도우를 만든다.

3 달걀도우 위에 애호박을 얹고 남은 양파와 토마토소스를 버무려 올린다.

4 소시지, 올리브, 파프리카, 피자치즈를 토핑해 전자레인지로 1분 30초간 가열한다.

피자치즈가 녹을 때까지 가열해요.

5 파슬리가루, 스리라차칠리소스를 뿌린다.

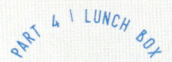

저염
김치볶음밥

한국인의 '최애 메뉴' 중 하나는 김치볶음밥이에요. 만들기도 쉬운 데다
맛도 있으니 당연한 게 아닐까요? 저는 다이어트 버전으로 김치를 씻어
짠맛을 줄이고, 매운맛을 내는 채소, 식감을 살리는 버섯을 넣어 만들었어요.
여기에 아보카도와 달걀프라이까지 더하면 맛있는 저염김치볶음밥이 된답니다.

- INGREDIENTS

- 잡곡밥 80g
- 달걀 1개
- 아보카도 1/2개
- 씻은 김치 40g
- 양송이버섯 1개
- 대파 10g
- 청양고추 1개
- 올리브유 2/3큰술
- 크러쉬드레드페퍼 약간
- 검은깨 약간
- 레몬즙 약간

1 씻은 김치, 대파, 청양고추는 굵게 다지고, 양송이는 먹기 좋게 썬다.

갈변을 막기 위해 레몬즙을 뿌려주세요.

2 아보카도는 가지런히 얇게 썬다.

3 달군 팬에 올리브유 1/3큰술을 두르고 달걀프라이를 만든다.

4 달군 팬에 올리브유 1/3큰술을 두르고 대파, 청양고추를 볶다가 김치, 양송이를 넣어 볶는다.

5 밥을 넣고 크러쉬드레드페퍼를 취향껏 뿌려 볶는다.

6 그릇에 볶음밥을 담아 아보카도, 달걀을 올리고, 크러쉬드레드페퍼, 검은깨를 뿌린다.

PART 4 | LUNCH BOX

훈제오리 샌드위치

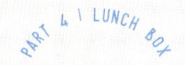

매번 먹는 닭가슴살이 질릴 때 훈제오리는 어때요?
마트에서 구하기 쉽고 맛도 좋을 뿐만 아니라 고단백 영양 식품이거든요.
오리고기는 간편하게 전자레인지로 가열해 기름을 쏙 빼고 사과를 곁들여서
상큼함을 더했더니 샌드위치 전문점이 부럽지 않을 만큼 맛있어요.
양이 많은 편이니 꼭 반씩 나눠서 드세요.

- INGREDIENTS

- 훈제오리 160g
- 통밀식빵 2장
- 사과 1/4개(60g)
- 청상추 5장
- 양파 1/4개(50g)
- 슬라이스치즈 1개
- 땅콩버터 1/2큰술

> 사과의 변색을 막기 위해 설탕물 대신 소금 한 꼬집을 넣은 소금물에 담가두세요.

1 사과는 껍질째 얇게 모양 살려 썰고, 양파는 채 썰고, 상추는 씻어서 물기를 뺀다.

2 마른 팬에 식빵 2장을 앞뒤로 노릇하게 굽는다.

3 훈제오리는 키친타월을 깐 접시에 올려 전자레인지로 1분간 가열해 기름을 뺀다.

4 매직랩을 깔고 식빵 1장 ▸ 치즈 ▸ 훈제오리 ▸ 사과 ▸ 양파 ▸ 상추 순으로 올린다.

5 남은 식빵 한 면에 땅콩버터를 얇게 퍼 바르고 샌드위치를 덮는다.

> 17쪽 샌드위치 포장법을 참고하세요.

6 샌드위치를 랩으로 포장하고 반으로 잘라 아침과 점심, 혹은 점심과 간식으로 나눠 먹는다.

새우보리 리소토

채소를 듬뿍 넣고 우유나 두유로 고소한 맛을 살린 크림리소토는 제가 다이어트 하면서 즐겨 먹었던 요리 중 하나예요. 특히 쌀이나 현미가 아닌 보리를 넣었더니 알알이 톡톡 씹히는 보리가 탱글탱글한 새우와 함께 입안에서 춤을 춰요. 만들기 쉽고 맛있는 메뉴라서 모든 분에게 추천하고 싶어요.

- INGREDIENTS

- 냉동새우살 70g
- 보리 70g
- 달걀 1개
- 당근 1/7개(30g)
- 브로콜리 30g
- 양배추 60g
- 마늘 5개
- 올리브유 1/2큰술
- 물 1/2컵
- 저지방우유 1/2컵
- 슬라이스치즈 1개
- 페페론치노 3개
- 후춧가루 약간
- 식초 약간
- 소금 약간

급할 땐 따뜻한 물에 담가 1시간 정도 불려요.

1 보리는 잘 씻어 물에 담가 밤부터 아침까지 반나절간 불린다.

채소다지기를 사용하면 편리해요.

2 마늘은 편 썰고, 당근, 브로콜리, 양배추는 곱게 다진다.

3 달걀은 식초, 소금을 넣은 물에서 8분간 반숙으로 삶고, 찬물에 담갔다가 껍질을 벗긴다.

4 달군 팬에 올리브유를 두르고 마늘을 볶다가 당근, 브로콜리, 양배추, 새우살을 넣어 볶는다.

5 볶던 재료는 절반 분량만 따로 덜어두고, 팬에 남은 재료에 불린 보리, 물을 붓고 물이 졸아들 때까지 저어가며 끓인다.

6 우유, 치즈, 페페론치노, 덜어둔 재료를 넣고 국물이 졸아들 때까지 저어가며 끓인 다음, 그릇에 담아 후춧가루를 뿌리고 달걀을 올린다.

PART 4 | LUNCH BOX

단호박 두부유부초밥

유부를 초밥으로만 드셔보셨다고요? 달콤한 맛을 좋아하는 분이라면
이 메뉴에 도전해보세요. 단독으로 먹으면 퍽퍽할 수 있는 병아리콩에
달콤하고 부드러운 단호박을 넣고 으깨서 유부 속을 푸짐하게 채웠어요.
한입에 쏙쏙 먹을 수 있어 점심 도시락이나 피크닉 도시락으로 정말 좋아요.

- INGREDIENTS

- 단호박 160g
  (혹은 삶은 닭가슴살)
- 연두부 80g
- 유부 10장
- 삶은 병아리콩 80g
  (혹은 병아리콩통조림)
- 양파 40g
- 당근 25g
- 후춧가루 약간
- 검은깨 약간
- 파슬리가루 약간

단호박이 푹 익을 때까지 가열해요.

1 단호박은 비닐팩에 넣고 전자레인지로 3분 30초간 가열해 익힌다.

채소다지기를 사용하면 편리해요.

2 유부는 끓는 물에 데쳐 물기를 꼭 짜고, 양파, 당근은 잘게 다진다.

3 단호박이 든 비닐팩에 연두부, 양파, 당근, 병아리콩, 후춧가루를 넣고 공기를 빼 살짝 봉한 다음, 손으로 주물러 섞는다.

4 유부에 섞은 재료를 채워 넣고 파슬리가루, 검은깨를 뿌려 1회에 5개씩, 점심과 간식으로 나눠 먹는다.

PART 4 | LUNCH BOX

굴볶음밥

최고의 보양 재료 굴로 만든 요리는 다이어트 중에 기력이 떨어졌을 때 먹기 좋아요.
특히 굴은 맛과 영양이 풍부한 데 비해 우리나라만큼 저렴한 곳도 없으니 제철에
자주 만들어 먹고 부족한 기운을 미리미리 보충해주세요. 톡톡 터지는 식감 좋은
귀리밥, 보드라운 굴과 함께 맛의 시너지를 경험하세요.

- INGREDIENTS

○ 귀리밥 100g
○ 굴 70g
○ 달걀 1개
○ 양파 1/4개(45g)
○ 부추 30g
○ 당근 45g
○ 굴소스 1/3큰술
○ 식초 1/2큰술
○ 올리브유 1/2큰술
○ 후춧가루 약간

채소다지기를 사용하면 편리해요.

1 양파, 당근, 부추는 곱게 다진다.

2 굴은 흐르는 물에 헹구고 체에 밭쳐 물기를 뺀다.

3 달걀은 그릇에 미리 깨 넣고, 끓는 물에 식초를 넣어 약불에서 회오리를 만든 다음, 회오리 안에 달걀을 흘려 넣고 그대로 익혀 수란을 만든다.

4 달군 팬에 올리브유를 두르고 양파, 당근, 부추를 볶다가 밥, 굴, 굴소스를 넣고 굴이 익을 때까지 충분히 볶는다.

부추를 잘게 썰어 토핑해도 좋아요.

5 그릇에 굴볶음밥을 담고 수란을 올려 후춧가루를 뿌린다.

닭가슴살
김치오트밀리소토

바쁜 일상에서 다이어트를 꾸준히 하다 보니 점점 더 간편하고 맛 좋은 레시피를 찾게 돼요. 그래서 저는 좋아하는 재료이면서 요리 시간을 줄여주는 오트밀을 자주 활용해요. 닭가슴살, 김치, 두유, 오트밀, 이렇게 네 가지 재료만으로 포만감 좋고 건강한 한 끼를 순식간에 만드는 법을 알려드려요.

- INGREDIENTS

○ 완조리닭가슴살 100g
  (혹은 삶은 닭가슴살)
○ 오트밀(퀵오트) 30g
○ 배추김치 이파리 1장(60g)
○ 양파 1/4개(50g)
○ 청양고추 1개
○ 올리브유 1/3큰술
○ 무가당두유 1컵
○ 물 1/2컵
○ 후춧가루 약간

1 김치, 양파, 청양고추는 굵게 다진다.

2 닭가슴살은 작은 한입 크기로 썬다.

3 달군 팬에 올리브유를 두르고 양파, 고추를 볶다가 닭가슴살, 김치를 넣고 볶는다.

4 오트밀, 두유, 물을 넣고 졸이듯 익힌다.

5 그릇에 담고 후춧가루를 뿌린다.

참치
샐러드샌드위치

고소한 참치와 아삭한 채소로 만든 참치샐러드에 부드러운 아보카도와 달걀을 더한 맛있는
샌드위치예요. 재료들이 쫀쫀하게 어우러져 식감과 포만감이 좋아요.
또 속재료가 흘어지지 않아 샌드위치 만들기를 어려워하던 분도 예쁘게 만들 수 있을 거예요.
다이어트 도시락에 샌드위치만큼 먹기 간편한 것도 없으니 꼭 시도해봐요.

- INGREDIENTS

- 참치통조림 100g
- 달걀 1개
- 통밀식빵 2장
- 아보카도 1/2개
- 상추 5장
- 양파 1/6개(30g)
- 파프리카 1/5개
- 오이 1/5개
- 식물성마요네즈 1큰술 (혹은 하프마요)
- 무가당요거트 1/2큰술
- 옥수수통조림 1큰술
- 슬라이스치즈 1개
- 후춧가루 약간
- 파슬리가루 약간
- 올리브유 1/3큰술

1 참치는 체에 밭쳐 끓는 물을 부어 기름기를 제거하고, 상추는 씻어 물기를 뺀다.

2 양파, 파프리카, 오이는 잘게 다지고, 아보카도는 가지런히 얇게 썬다.

3 다진 채소, 참치, 요거트, 옥수수, 식물성마요, 후춧가루, 파슬리가루를 잘 섞어 참치샐러드를 만든다.

4 마른 팬에 통밀식빵을 앞뒤로 노릇하게 굽는다.

달걀 한 면이 충분히 익으면 뒤집어서 불을 끄고 잔열로 나머지 한 면을 익혀주세요.

5 달군 팬에 올리브유를 두르고 안쪽 노른자가 살짝 덜 익은 달걀프라이를 만든다.

잘랐을 때 단면이 예쁘도록 아보카도, 상추는 세로 방향으로 올려주세요.

6 매직랩을 깔고 식빵 1장 ▶아보카도 ▶참치샐러드 ▶달걀프라이 ▶치즈 ▶상추 ▶식빵 1장 순으로 쌓는다.

17쪽 샌드위치 포장법을 참고하세요.

7 랩으로 포장해 반으로 잘라 아침과 점심, 혹은 점심과 간식으로 나눠 먹는다.

게맛살 당근샌드위치

절대로 씹히는 부드러운 게맛살과 씹는 맛이 좋은 당근과 양파, 싱그러운 잎채소, 토마토가 만나 푸짐하고 맛 좋은 샌드위치가 탄생했어요. 맛있는 재료가 골고루 들어가 저마다 맛있는 기운을 뿜어내니 다이어트가 행복해져요. 다른 샌드위치보다 채소가 듬뿍 들어가 채소를 섭취하기에도 아주 좋은 메뉴예요.

- INGREDIENTS

  - 통밀식빵 2장
  - 달걀 1개
  - 게맛살 2개
  - 당근 30g
  - 양파 25g
  - 토마토(작은 것) 1/2개
  - 청상추 7장
  - 슬라이스치즈 1개
  - 옐로머스터드 1큰술
  - 올리브유 약간

1 상추는 씻어 물기를 빼고, 토마토는 모양 살려 썬 다음, 키친타월에 올려 물기를 뺀다.

2 게맛살은 결대로 찢고, 당근, 양파는 채 썬다.

3 게맛살, 당근, 머스터드를 잘 버무려 게맛살샐러드를 만든다.

4 마른 팬에 식빵 2장을 앞뒤로 노릇하게 굽는다.

노른자 안쪽만 살짝 덜 익어야 샌드위치 안에서 터지지 않아요.

5 달군 팬에 올리브유를 두르고 노른자가 살짝 덜 익은 달걀프라이를 만든다.

6 매직랩을 깔고 식빵 1장 ▶ 치즈 ▶ 게맛살샐러드 ▶ 달걀프라이 ▶ 양파 ▶ 토마토 ▶ 상추 ▶ 식빵 1장 순으로 쌓는다.

17쪽 샌드위치 포장법을 참고하세요.

7 샌드위치를 랩으로 포장하고 반으로 잘라 아침과 점심, 혹은 점심과 간식으로 나눠 먹는다.

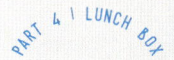

문어
토마토김치리소토

부드러움과 쫄깃함을 함께 지닌 문어, 신선한 토마토, 상큼한 김치, 토마토소스가
만났으니 맛과 영양에 관해서는 더 설명하지 않을게요. 다이어트 할 때 먹는
음식이 맞나 싶을 정도로 고급스럽다는 힌트만 드려요. 문어는 매일 먹기
어려우니 특별한 날에 사용하고 평소에는 오징어로 만들어도 좋아요.

- INGREDIENTS

  o 문어 100g
    (혹은 오징어)
  o 잡곡밥 80g
  o 씻은 김치 30g
  o 방울토마토 3개
  o 양파 1/4개(40g)
  o 블랙올리브 3개
  o 슬라이스치즈 1개
  o 토마토소스 1+1/2큰술
  o 물 1/3컵
  o 올리브유 1/2큰술
  o 크러쉬드레드페퍼 약간

1 양파, 토마토, 김치, 문어는 잘게 썰고, 올리브는 동그란 모양 살려 썬다.

2 달군 냄비에 올리브유를 두르고 양파를 볶다가 토마토, 김치를 넣고 충분히 볶는다.

문어는 오래 익히면 질겨지니 주의해요. 로즈마리를 넣으면 풍미가 살아나요.

3 문어, 밥, 토마토소스, 올리브를 넣고 크러쉬드레드페퍼를 취향껏 뿌려서 볶다가 물을 넣고 졸이듯 끓인다.

4 국물이 거의 졸아들면 불을 끄고 치즈를 섞어 그릇에 담는다.

닭가슴살 케사디야

닭가슴살케사디야는 채소와 토마토소스로 닭가슴살 특유의 냄새를 없앴어요.
또 퍽퍽한 식감도 부드럽게 만들어 닭가슴살이라면 쳐다보기조차 싫은 분도
맛있게 먹을 수 있답니다. 통밀토르티야 위에 맛있는 재료와 치즈를 듬뿍 올리고
야무지게 구워 간단하고 든든한 한 끼를 완성해보세요.

- INGREDIENTS

 o 완조리닭가슴살 100g
   (혹은 삶은 닭가슴살)
 o 통밀토르티야 1개
 o 당근 30g
 o 파프리카 30g
 o 양파 1/4개(40g)
 o 샐러드채소 30g
 o 블랙올리브 3개
 o 올리브유 1/2큰술
 o 토마토소스 1/2큰술
 o 스리라차칠리소스 1/3큰술
 o 피자치즈 30g
 o 옐로머스터드 1큰술
 o 딸기 2개

채소다지기를 사용할 때는 채소를 먼저 다지다가 닭가슴살, 올리브를 넣고 마저 다져요.

1 양파, 파프리카, 완조리닭가슴살, 당근, 올리브는 곱게 다지고, 샐러드채소는 씻어 물기를 빼고, 딸기는 먹기 좋게 썬다.

2 달군 팬에 올리브유를 두르고 다진 재료, 토마토소스, 스리라차칠리소스를 넣고 볶는다.

3 마른 팬에 약불로 토르티야를 얹고 반원 부분에만 피자치즈 절반 분량을 올린다.

4 피자치즈 위에 볶은 재료를 올리고 나머지 피자치즈를 올린 다음 토르티야를 반으로 접는다.

5 바닥 면의 치즈가 녹을 때쯤 토르티야를 뒤집고 조금 더 익혀 치즈 전체를 녹인다.

6 케사디야를 4등분해 머스터드를 뿌리고 샐러드채소, 딸기를 곁들인다.

PART 4 | LUNCH BOX

파인애플 볶음밥

이국적이면서도 달콤한 즙이 팡팡 터지는 음식을 소개해요. 파인애플과 새우, 채소를 넣고 피시소스 대신 멸치액젓을 넣어 만든 볶음밥은 동남아 여행의 추억이 떠오르는 맛이에요. 단백질 분해효소가 함유된 파인애플은 단백질 재료와 함께 먹으면 단백질 흡수율을 높인다고 하니 더 이득이죠?

- INGREDIENTS

- 잡곡밥 100g
- 달걀 2개
- 칵테일새우 50g
- 파인애플 60g
- 파인애플즙 2큰술
- 파프리카 40g
- 양파 1/4개(40g)
- 당근 20g
- 깻잎 5장
- 오이 1/4개
- 코코넛오일 1/2큰술 (혹은 올리브유)
- 간장 1/2큰술
- 멸치액젓 1/3큰술 (혹은 피시소스)
- 후춧가루 약간

깻잎은 돌돌 말아 가늘게 채 썰어요.

1 양파, 당근, 파프리카는 잘게 썰고, 파인애플, 오이는 작은 한입 크기로 썬다.

2 달군 팬에 코코넛오일을 두르고 양파를 볶다가 당근, 파프리카를 넣어 볶는다.

3 볶던 채소를 팬 한편으로 몰아넣고, 팬의 빈 부분에 달걀을 깨 넣어 스크램블드에그를 만든다.

4 밥, 파인애플, 새우를 넣고 충분히 볶다가 파인애플즙, 간장, 액젓을 넣어 재빨리 볶아낸다.

취향에 따라 고수를 곁들여도 좋아요.

5 그릇에 볶음밥을 담아 후춧가루를 뿌리고, 오이, 깻잎을 곁들인다.

다음 날 붓기 쏙!

먹고 자면
살 빠지는
저녁

아침과 점심, 간식까지 잘 챙겨 드셨죠? 저녁에는
탄수화물을 줄이되 고단백 식품과 식이섬유가 풍부한 채소와
버섯, 해조류 등으로 포만감을 채워드릴게요.
고기와 채소로 꾸민 레스토랑 못지않은 원 플레이트 요리,
각종 볶음 요리, 퓨전 요리뿐만 아니라, 샐러드는 맛없다는
편견을 날려 버릴 알록달록 예쁘고 맛있는 샐러드 레시피가
가득해요. 매일 냉장고 사정에 따라 기분에 따라 골라 먹을 수
있는 요리로 하루하루 몸과 마음이 가벼워질 거예요.

PART 5 | DINNER

목살
플레이트

음식을 먹을 때 커다란 접시에 예쁘게 플레이팅 하면 내가 무엇을 얼마나 먹었는지 확인할 수 있고 귀하게 대접받는 기분이에요. 쫀득하고 고소한 돼지목살, 다양한 채소를 노릇노릇 맛있게 굽고 상큼한 키위를 곁들여 차려보세요. 캐주얼한 레스토랑 부럽지 않을 만큼 맛도 모양도 훌륭하답니다.

- INGREDIENTS

○ 돼지목살 125g
○ 가지 50g
○ 아스파라거스 2개
○ 키위 1개
○ 새송이버섯 1개
○ 방울토마토 3개
○ 치커리 20g
○ 올리브유 1/3큰술
○ 허브솔트 약간
○ 고추냉이 약간
○ 홀그레인머스터드 약간
○ 훈제파프리카가루 약간
○ 후춧가루 약간

치커리는 씻어서 물기를 빼고 먹기 좋게 썰어요.

1 가지, 키위는 동그란 모양 살려 썰고, 새송이는 2등분한다.

2 달군 팬에 올리브유를 두르고 목살에 허브솔트를 뿌려 앞뒤로 노릇하게 충분히 굽는다.

3 목살이 익으면 팬 가장자리에 가지, 버섯, 아스파라거스, 토마토를 올리고 파프리카가루, 후춧가루를 뿌려 굽는다.

4 그릇에 목살, 구운 채소, 치커리, 키위를 올리고 머스터드, 고추냉이를 곁들인다.

컵샐러드

밖에서 간단히 식사해야 할 때 한입에 쏙쏙 우아하게 먹을 수 있는 컵샐러드예요. 저는 한 손으로 들기 편한 견과류통을 재활용했어요. 모든 재료를 칼 대신 가위로 쓱쓱 잘라 넣어도 괜찮아요. 준비도 간편하고 맛도 좋아서 아침에 도시락으로 포장하기에도 정말 좋았답니다. 여러분도 재활용 용기를 활용해서 초간단 식사를 준비해보세요.

- INGREDIENTS

○ 완조리살닭가슴살볼 100g
  (혹은 삶은 닭가슴살)
○ 꼬마새송이버섯 90g
○ 오이 1/3개(80g)
○ 방울토마토 7개
○ 블랙올리브 6개

마른 팬에 새송이를 재빨리 볶아도 좋아요.

1 새송이는 에어프라이어 180℃에서 10분간 굽는다.

2 닭가슴살볼은 4등분하고, 오이는 작은 한입 크기로 썰고, 올리브는 동그란 모양 살려 썰고, 토마토는 꼭지를 제거한다.

견과류, 요거트 등의 용기를 재활용하면 좋아요.

3 밀폐용기에 새송이 ▶ 닭가슴살볼 ▶ 오이 ▶ 올리브 ▶ 토마토 순으로 올리고 뚜껑을 닫는다.

날이 더울 땐 냉동한 건강즙을 아이스팩 대용으로 함께 포장해요.

4 한 끼 분량의 드레싱, 숟가락을 함께 챙긴다.

> **MINI'S TIP**
> 시판 샐러드드레싱이나 음식을 배달시키고 남은 일회용 드레싱이 없을 땐 올리브유와 간장을 섞어 드레싱을 만들고 밀폐 소스용기에 담아가요.

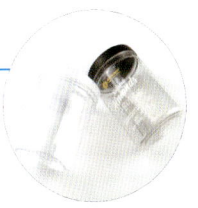

애호박
당근새우프리타타

간단하지만 정말 맛있고 고급스럽기까지 한 달걀 요리 하나를 소개해요.
탱글탱글해서 먹는 재미가 있는 새우, 보기만 해도 기분 좋은 알록달록 채소,
부드러운 달걀과 맛의 정점을 찍어줄 치즈까지! 맛이 없을 수가 없겠죠?
후춧가루와 옐로머스터드로 포인트를 주면 마치 브런치 카페에 온 것 같아요.

- INGREDIENTS

  - 달걀 2개
  - 애호박 1/4개(50g)
  - 당근 1/4개(50g)
  - 청양고추 1개
  - 칵테일새우 7개
  - 피자치즈 20g
  - 올리브유 1/2큰술
  - 후춧가루 약간
  - 옐로머스터드 1큰술

1 애호박, 당근은 가늘게 채 썰고, 청양고추는 다진다.

2 달걀은 잘 풀어 청양고추를 섞고, 냉동새우는 미지근한 물에 담가 해동한다.

열 보존율이 높은 주물팬을 사용하면 좋고, 일반 팬도 괜찮아요.

3 달군 팬에 올리브유를 두르고 당근, 애호박을 볶는다.

피자치즈가 녹으면 다 익은 거예요.

4 달걀물을 붓고 새우, 피자치즈를 올린 다음, 뚜껑 닫아 약불에서 서서히 익힌다.

5 후춧가루, 옐로머스터드를 뿌린다.

닭가슴살 라타투이

라타투이는 다양한 채소와 토마토, 허브 등을 넣고 끓인 프랑스식 국물 없는 채소 스튜예요. 저는 에어프라이어를 활용해서 초간단 라타투이를 만들어봤어요. 다양한 채소에 닭가슴살과 치즈를 함께 넣어 맛도 좋고, 양질의 단백질과 지방, 칼슘을 섭취할 수 있어요. 맛도 모양도 빠지는 구석 없는 알찬 메뉴랍니다.

• INGREDIENTS

○ 생닭가슴살 130g
○ 가지 1/3개(60g)
○ 주키니호박 1/4개(100g)
○ 토마토 1개
○ 피자치즈 30g
○ 토마토퓌레 2큰술
○ 로즈마리홀 약간

1 호박, 가지, 토마토는 동그란 모양 살려 썰고, 생닭가슴살은 납작하게 썬다.

2 내열용기에 호박, 가지, 토마토, 닭가슴살을 차곡차곡 둘러 담는다.

3 토마토퓌레를 재료 위에 얇게 펴 바르고 로즈마리홀을 뿌린다.

전자레인지 레시피는 아래 미니의 팁을 참고하세요.

4 에어프라이어 180℃에서 15분, 피자치즈를 뿌려 5분간 더 굽는다.

MINI'S TIP
전자레인지로 조리할 때는 생닭가슴살 대신 삶은 닭가슴살을 사용해요. 내열용기에 랩을 씌워 구멍을 낸 다음, 전자레인지로 3분 30초간 가열하세요.

PART 5 | DINNER

닭가슴살 아보카도샐러드

저는 보기 좋은 샐러드가 맛도 좋다고 생각해요. 이 샐러드는 SNS에서 많은 분의
시선을 사로잡을 만큼 예뻐서 휴대폰 배경화면으로 만들어 달라는 요청까지 받았어요.
닭가슴살과 아보카도가 건강하게 포만감을 채우고 토마토, 블루베리, 병아리콩이
알록달록하게 토핑되어 눈도 입도 즐거워요.

- INGREDIENTS

○ 완조리닭가슴살 100g
   (혹은 삶은 닭가슴살)
○ 방울토마토 3개
○ 아보카도 1/2개
○ 샐러드채소 80g
○ 삶은 병아리콩 1/2줌
   (혹은 병아리콩통조림)
○ 블루베리 7개
○ 그릭요거트 1큰술
○ 햄프시드 약간
○ 후춧가루 약간
○ 시판 발사믹드레싱 1큰술

1 샐러드채소는 씻어 물기를 빼 먹기 좋게 썰고, 토마토는 2등분한다.

2 닭가슴살은 먹기 좋게 납작하게 썰고, 아보카도는 닭가슴살과 비슷한 굵기로 가지런히 얇게 썬다.

3 그릇에 샐러드채소를 담고 닭가슴살, 아보카도를 가운데에 올린다.

4 가장자리에 토마토, 병아리콩, 블루베리를 빙 둘러 올린다.

5 후춧가루, 햄프시드를 뿌리고 티스푼으로 그릭요거트를 군데군데 올린 다음, 발사믹드레싱을 찍어 먹는다.

MINI'S TIP
시판 제품 대신 홈메이드 발사믹드레싱을 만들 수 있어요.
발사믹식초 2큰술, 올리브유 1큰술, 알룰로스 혹은 꿀 1/3큰술을 잘 섞어주세요.

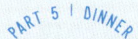

PART 5 | DINNER

김치
낫토달볶

일본 선술집에서 먹었던 낫토달걀말이에 신선한 충격을 받아 개발한 레시피예요.
낫토와 달걀 조합은 유지해 맛을 살리고, 열을 가하면 유익균이 파괴되는 낫토는 그대로
흡수할 수 있게 조리했어요. 보들보들한 스크램블드에그와 씹을수록 고소한 낫토,
김치와 토마토로 상큼함을 가미한 건강하고 맛있는 메뉴예요.

- INGREDIENTS

- 달걀 2개
- 낫토 1팩
- 배추김치 이파리 1개(60g)
- 방울토마토 5개
- 애호박 1/4개(50g)
- 아보카도오일 2/3큰술
  (혹은 올리브유)
- 바질가루 약간
- 크러쉬드레드페퍼 약간

1 달걀은 잘 풀고, 김치는 씻어서 굵게 다지고, 토마토, 애호박은 먹기 좋게 김치와 비슷한 크기로 썬다.

2 달군 팬에 아보카도오일 1/3큰술을 둘러 달걀물을 부은 다음, 중불에서 젓가락으로 달걀을 휘저어가며 덜 익은 스크램블드에그를 만들어 덜어둔다.

3 같은 팬에 아보카도오일 1/3큰술을 둘러 김치, 애호박을 볶다가 토마토, 바질가루를 넣어 볶고, 스크램블드에그를 넣고 재빨리 섞듯이 볶는다.

4 그릇에 담아 낫토를 젓가락으로 휘저어 달걀 위에 올린 다음, 크러쉬드레드페퍼를 뿌린다.

PART 5 | DINNER

베리베리 안심샐러드

샐러드가 맛없다는 편견을 날려 버릴 메뉴예요. 다이어트 하면서도 부담 없이
먹을 수 있는 상큼한 블루베리와 딸기, 에어프라이어로 구운 부드럽고 풍미 좋은
닭안심살, 그리고 고소한 아몬드드레싱까지 재료와 영양 조합이 만점인 레시피로,
메뉴명처럼 먹고 나면 마음까지 안심이 된답니다.

- INGREDIENTS

- 생닭안심 4조각(130g)
- 샐러드채소 80g
- 딸기 2개
- 블루베리 10개
- 블랙올리브 3개
- 아몬드 10개
- 올리브유 1/2큰술
- 크러쉬드레드페퍼 약간
- 로즈마리홀 약간

- 아몬드검은깨드레싱(3회 분량)
- 무가당두유 190ml
- 아몬드 1줌
- 식초 1/2큰술
- 검은깨 1큰술
- 볶은서리태가루 1큰술
- 소금 약간

1 닭안심은 올리브유, 로즈마리홀, 크러쉬드레드페퍼와 버무리고, 에어프라이어 200℃에서 10분, 뒤집어서 5분간 더 굽는다.

2 샐러드채소는 씻어 물기를 빼 먹기 좋게 뜯는다.

3 딸기는 꼭지를 떼 4등분하고, 올리브는 동그란 모양 살려 썬다.

4 믹서에 아몬드검은깨드레싱 재료를 넣고 잘 간다.

5 그릇에 샐러드채소를 담고 구운 닭안심, 딸기, 블루베리, 아몬드를 올려 아몬드검은깨드레싱을 찍어 먹는다.

 MINI'S TIP 닭안심은 에어프라이어 대신 팬을 사용해 구워도 좋아요. 달군 팬에 올리브유를 살짝 두르고 닭안심을 올려 크러쉬드레드페퍼, 로즈마리홀을 뿌려 앞뒤로 노릇하게 구워요.

PART 5 | DINNER

구운두부 샌드위치

저녁에는 빵 대신 구운 두부를 활용해 탄수화물을 대폭 줄인, 더 가벼운 샌드위치를
만들어보세요. 샐러드에 자주 쓰이는 재료를 차곡차곡 쌓아서 만들었는데,
각각의 재료를 따로 먹을 때와 모든 재료를 한입에 베어 먹을 때
맛의 차이는 엄청나요. 구운 두부가 없을 때는 얼린 두부의 물기를 빼서 사용해도 좋아요.

- INGREDIENTS

  ○ 시판 구운 두부 150g
  ○ 당근 1/6개(30g)
  ○ 양파 1/6개(30g)
  ○ 청상추 4장
  ○ 아보카도 1/2개
  ○ 토마토(작은 것) 1/2개
  ○ 슬라이스치즈 1개

1 시판 구운 두부는 2등분하고, 상추는 씻어서 물기를 뺀다.

일반 두부를 사용할 때는 아래 미니의 팁을 참고하세요.

2 양파, 당근은 가늘게 채 썰고, 아보카도는 가지런히 얇게 썰고, 토마토는 둥글게 모양 살려 썬다.

토마토는 키친타월에 올려 물기를 빼요.

3 매직랩을 깔고 구운 두부 1개 ▸ 치즈 ▸ 아보카도 ▸ 양파 ▸ 토마토 ▸ 당근 ▸ 상추 순으로 올리고 나머지 두부로 덮는다.

4 샌드위치를 랩으로 포장하고 반으로 잘라 냉장 보관하여 저녁과 다음 날 간식으로 나눠 먹는다.

17쪽 샌드위치 포장법을 참고하세요.

MINI'S TIP 시판 구운 두부 대신 얼린 두부를 사용해도 좋아요. 팩두부를 반나절 이상 얼렸다가 녹인 다음, 키친타월을 깔고 전자레인지로 가열해 물기를 빼주세요. 마른 팬에 살짝 굽거나 에어프라이어에 구워 사용해요. 일반 두부보다 단단해서 빵을 대체하기에 좋아요.

PART 5 | DINNER

닭가슴살 미역초무침

비타민과 미네랄, 식이섬유가 풍부한 미역은 다이어트 할 때 정말 고마운 재료예요. 저는 다이어트 초반에 요령 없이 음식의 양을 줄이다 보니 변비가 생겼었어요. 그때마다 닭가슴살미역초무침을 해 먹고 효과를 톡톡히 보았답니다. 만들기 쉽고 새콤달콤한 맛이 좋으니 꼭 도전해보세요.

- INGREDIENTS

- 건미역 10g
- 완조리닭가슴살 100g
  (혹은 삶은 닭가슴살)
- 오이 1/5개
- 노란파프리카 20g
- 빨간파프리카 20g
- 현미식초 2큰술
- 간장 1/2큰술
- 들기름 1/2큰술
- 검은깨 약간

1 건미역은 물에 10분간 담가 충분히 불린 다음, 물기를 꼭 짜서 먹기 좋게 자른다.

2 오이, 파프리카는 가늘게 채 썰고, 닭가슴살은 결대로 찢는다.

3 그릇에 미역, 오이, 파프리카, 닭가슴살을 담고 식초, 간장, 들기름, 검은깨를 넣어 버무린다.

MINI'S TIP 한꺼번에 많이 만들어두는 밀프렙 레시피로도 좋아요. 냉장고에 소분해두고 도시락, 아침, 저녁 등 다양하게 활용하세요.

PART 5 | DINNER

연두부 아보카도샐러드

형형색색의 컬러푸드가 한자리에 모인 다채로운 샐러드예요. 연두부와 아보카도, 달걀이 부드러움을 책임진다면 토마토, 오이, 양파는 신선하고 아삭한 식감을, 발사믹식초는 샐러드가 질리지 않게 맛의 한 끗을 살려줘요. 동물성, 식물성 단백질과 몸에 좋은 지방, 무기질까지 한 그릇으로 채워보세요.

- INGREDIENTS

○ 연두부 130g
○ 아보카도 1/2개
○ 삶은 달걀 1개
○ 토마토(작은 것) 1개(70g)
○ 오이 1/5개
○ 양파 30g
○ 발사믹식초 1큰술
○ 올리브유 1큰술
○ 햄프시드 1큰술
○ 훈제파프리카가루 약간
○ 후춧가루 약간

1 토마토, 오이, 양파는 잘게 썬다.

아보카도 단면을 따라 달걀을 썰어주세요.

2 아보카도는 씨를 제거하고 껍질을 벗긴 다음, 씨가 있던 부분에 삶은 달걀을 끼워 넣어 달걀을 2등분한다.

3 그릇에 토마토, 오이, 양파를 넣고 발사믹식초, 올리브유, 후춧가루, 햄프시드를 뿌려 잘 섞는다.

바질 잎을 올리면 향긋해요.

4 그릇에 버무린 채소, 아보카도, 달걀, 연두부를 올리고 후춧가루, 파프리카가루를 뿌린다.

PART 5 | DINNER

참치 스크램블드에그

당근은 생으로 먹는 것보다 기름에 볶아 먹는 것이 좋아요. 그래야
항산화작용을 돕는 베타카로틴의 흡수율을 높일 수 있어요. 당근과 참치, 달걀,
양파를 함께 볶아 담백한 맛과 영양을 살린 손쉬운 메뉴예요. 저녁에는
이대로 먹고 아침이나 점심에는 잡곡밥, 통밀빵을 곁들이세요.

- INGREDIENTS

  ○ 참치통조림 100g
  ○ 달걀 1개
  ○ 양파 1/3개(80g)
  ○ 당근 1/4개(45g)
  ○ 아보카도오일 2/3큰술
    (혹은 올리브유)
  ○ 후춧가루 약간
  ○ 허브솔트 약간
  ○ 파슬리가루 약간

1 참치는 체에 받쳐 끓는 물을 붓고 기름기를 제거한다.

2 당근, 양파는 가늘게 채 썰고, 달걀은 잘 푼다.

3 달군 팬에 아보카도오일 1/3큰술을 둘러 달걀물을 붓고, 중불에서 젓가락으로 달걀을 휘저어가며 덜 익은 스크램블드에그를 만들어 덜어둔다.

4 같은 팬에 아보카도오일 1/3큰술을 두르고 참치, 당근, 양파를 충분히 볶다가 스크램블드에그, 허브솔트를 넣고 재빨리 섞듯이 볶아 파슬리가루를 뿌린다.

PART 5 | DINNER

시금치 닭가슴살전

영양이 풍부한 시금치를 닭가슴살, 마늘, 견과류와 함께 갈아서
전을 부쳤어요. 반죽에 밀가루 대신 전분을 조금 넣고 달걀을 풀어
건강을 담뿍 담았답니다. 일명 '초록괴물전'이라 불리는 녹색 전이 낯설지만,
풍미가 가득해서 누구나 맛있게 먹을 수 있어요.

- INGREDIENTS

- 시금치 1줌(50g)
- 완조리닭가슴살볼 60g
  (혹은 삶은 닭가슴살)
- 달걀 2개
- 마카다미아 8개
  (혹은 좋아하는 견과류)
- 마늘 5개
- 무가당두유 2/3컵
- 감자전분 1큰술
- 올리브유 1/2큰술

1 시금치는 씻어 물기를 빼고 먹기 좋게 뜯는다.

2 믹서에 닭가슴살볼, 시금치, 마늘, 마카다미아, 두유를 넣고 곱게 간다.

3 간 재료에 달걀, 감자전분을 섞어 반죽을 만든다.

타이거너트, 햄프시드 등 견과류를 토핑해도 좋아요.

4 달군 팬에 올리브유를 두르고 반죽을 조금씩 올려 앞뒤로 노릇하게 굽는다.

PART 5 | DINNER

에그
샐러드

삶은 달걀은 단백질이 풍부해서 다이어트 할 때 많이 먹는 음식 중 하나예요.
그런데 계속 먹으면 달걀 특유의 비린 맛에 물리기도 해요. 그럴 땐 아삭하고
상쾌한 향이 좋은 채소와 식물성마요네즈를 섞어 에그샐러드를 만들어보세요.
익숙한 재료의 새로운 조합으로 달걀 권태기를 벗어나게 해드릴게요.

- INGREDIENTS

  ○ 달걀 3개
  ○ 파프리카 40g
  ○ 오이 1/4개(50g)
  ○ 양파 1/4개(50g)
  ○ 식물성마요네즈 1큰술
  　(혹은 하프마요)
  ○ 무가당요거트 1큰술
  ○ 홀그레인머스터드 1/3큰술
  ○ 후춧가루 약간
  ○ 파슬리가루 약간
  ○ 식초 약간
  ○ 소금 약간

1 달걀은 식초, 소금을 넣은 물에서 10분 이상 완숙으로 삶고, 찬물에 담갔다가 껍질을 벗긴다.

2 양파, 파프리카, 오이를 곱게 다진다.

3 삶은 달걀은 곱게 으깬다.

4 다진 재료에 식물성마요, 요거트, 머스터드, 후춧가루, 파슬리가루를 넣고 잘 버무린다.

PART 5 | DINNER

갈릭치즈 닭가슴살플레이트

생닭가슴살에 깊게 칼집을 내고 다진 마늘을
칼집 속에 쏙쏙 채워서 구워보세요. 닭의 비린내가 사라지고 마늘이
익으며 고소한 향을 내서 고급스러운 닭 요리가 완성돼요.
좋은 채소와 치즈를 곁들여 영양 듬뿍 맛있는 저녁을 즐겨요.

- INGREDIENTS

  - 생닭가슴살 130g
  - 마늘 10개
  - 양송이버섯 1개
  - 샐러드채소 20g
  - 토마토(작은 것) 1개(60g)
  - 피자치즈 10g
  - 아보카도오일 2/3큰술
    (혹은 올리브유)
  - 후춧가루 약간
  - 파슬리가루 약간
  - 블랙올리브 2개

샐러드채소는 씻어 물기를 빼 먹기 좋게 썰어요.

1 마늘 5개는 굵게 다지고, 나머지 5개는 편 썬다.

2 토마토는 동그란 모양 살려 썰고, 양송이는 꼭지를 떼고, 생닭가슴살은 깊게 칼집을 낸다.

닭가슴살의 칼집 부분을 먼저 익혀주세요.

3 닭가슴살 칼집 사이에 다진 마늘을 끼워 넣고, 달군 팬에 아보카도오일 1/3큰술을 둘러 닭가슴살을 앞뒤로 노릇하게 굽는다.

4 닭가슴살을 한편으로 밀어두고 아보카도오일 1/3큰술을 두른 다음, 편 썬 마늘, 양송이, 토마토를 올려 약불로 굽는다.

5 양송이, 토마토 위에 피자치즈를 올리고 뚜껑 덮어 약불로 익혀 후춧가루, 파슬리가루를 뿌린다.

6 그릇에 닭가슴살, 구운 채소를 담아 샐러드채소, 올리브를 곁들인다.

PART 5 | DINNER

저염
두부김치

두부와 볶은 김치의 맛 궁합은 다들 잘 알고 계시죠? 술안주로 많이 먹는 두부김치를 조리법만 약간 바꾸어 다이어트식으로 만들었어요. 김치는 씻어서 짠맛을 낮추고 알싸한 채소, 아삭한 양배추를 듬뿍 더해서 식감과 맛을 동시에 살렸어요. 몸이 가볍고 맛도 좋은 한 끼로 만족할 만한 저녁이 될 거예요.

- INGREDIENTS

- 두부 1/2모(145g)
- 씻은 김치 50g
- 양배추 50g
- 부추 30g
- 양파 40g
- 청양고추 1개
- 아보카도오일 1/3큰술
- 들기름 1/2큰술
- 검은깨 약간

1 두부는 먹기 좋게 썰고, 씻은 김치는 잘게 썬다.

2 양배추, 양파는 채 썰고, 부추는 3cm 길이로 썰고, 청양고추는 어슷 썬다.

3 달군 팬에 아보카도오일을 두르고 양파, 청양고추를 볶다가 양배추, 부추, 김치를 넣어 충분히 볶은 다음, 들기름을 넣고 재빨리 볶는다.

4 접시에 두부, 볶은 김치를 올리고 검은깨를 뿌린다.

잡곡밥을 곁들여 아침, 점심으로 먹어도 좋아요.

PART 5 | DINNER

오징어 오이양파샐러드

오징어는 저지방 고단백 식품이라 닭가슴살만큼이나 자주 먹어도 좋은 건강한 재료예요. 영양과 식감이 훌륭한 반면, 손질이 귀찮은 편이라 저는 냉동오징어링을 항상 준비해둬요. 데치기만 하면 되는 간편한 냉동오징어링과 씹는 맛 좋은 채소, 매콤한 스리라차드레싱이 정말 잘 어울려요.

• INGREDIENTS

○ 냉동오징어링 110g
○ 샐러드채소 80g
○ 방울토마토 3개
○ 블랙올리브 3개
○ 오이 1/6개
○ 자색양파 40g
○ 파르메산치즈가루 1/2큰술
○ 후춧가루 약간
○ 훈제파프리카가루 약간

- 스리라차드레싱
○ 스리라차칠리소스 1큰술
○ 올리브유 1큰술
○ 레드와인식초 1/2큰술
  (혹은 사과식초)

1 샐러드채소는 씻어 물기를 빼 먹기 좋게 썬다.

2 오이, 올리브, 토마토는 동그란 모양 살려 얇게 썰고, 양파는 링 모양으로 얇게 썰어 물에 담가 매운맛을 뺀다.

냉동, 생물 상관없이 오징어는 어떤 부위를 사용해도 좋아요. 생물은 잘 익혀서 사용해요.

3 냉동오징어링은 끓는 물에 재빨리 데친다.

4 그릇에 샐러드채소를 담고 오징어, 오이, 올리브, 토마토, 양파를 올린다.

드레싱을 뿌려 먹기보다 찍어 먹으면 섭취량을 줄일 수 있어요.

5 치즈가루, 후춧가루, 파프리카가루를 뿌리고 스리라차드레싱을 잘 섞어 찍어 먹는다.

PART 5 | DINNER

두부달걀
양파비빔

불을 쓰지 않고 조리하는 간편한 조합의 맛있는 레시피예요. 식감이 다양한 데다
신선한 맛이 좋아서 다이어트 중 저녁에 자주 해 먹던 레시피예요.
들기름이 맛의 정점을 찍어주니 필수로 또로록 넣어 섞어주세요.

- INGREDIENTS

- 연두부 100g
- 달걀 2개
- 양파 1/4개(55g)
- 토마토(작은 것) 1개(70g)
- 옐로머스터드 1큰술
- 들기름 1/2큰술
- 햄프시드 약간
- 식초 약간
- 소금 약간

달걀을 물에 담근 채로 껍질을 제거하면 예쁘게 벗겨져요.

1 달걀은 식초, 소금을 넣은 물에서 10분 이상 완숙으로 삶고, 찬물에 담갔다가 껍질을 벗긴다.

양파의 매운맛을 빼려면 잠시 찬물에 담가놔요.

2 삶은 달걀은 동그란 모양 살려 얇게 썰고, 양파는 굵게 다지고, 토마토는 먹기 좋게 썬다.

3 그릇에 연두부, 달걀, 양파를 담는다.

4 햄프시드, 머스터드, 들기름을 뿌려 비벼 먹는다.

PART 5 | DINNER

닭가슴살 콩나물팽이버섯볶음

맛있는 재료가 듬뿍 들어간 볶음 요리예요. 든든한 닭가슴살과 쫄깃한 팽이버섯, 아삭한 콩나물이 씹는 즐거움을 줘요. 여기에 매운 향을 내는 고추와 레드페퍼 등을 넣고 굴소스로 감칠맛을 내주면 다이어트 음식 같지 않은 맛있는 한 그릇이 되지요. 아침이나 점심에는 잡곡밥 위에 얹어서 덮밥으로 즐겨요.

- INGREDIENTS

- 완조리닭가슴살 100g
  (혹은 삶은 닭가슴살)
- 콩나물 100g
- 팽이버섯 75g
- 마늘 5개
- 청양고추 1개
- 굴소스 1/3큰술
- 올리브유 1/2큰술
- 크러쉬드레드페퍼 1/3큰술

1 콩나물은 씻어 물기를 빼고, 팽이버섯은 밑동을 제거해 가닥가닥 뜯는다.

2 완조리닭가슴살은 먹기 좋게 썰고, 청양고추는 송송 썰고, 마늘은 편 썬다.

3 달군 팬에 올리브유를 두르고 마늘, 고추를 볶다가 닭가슴살, 팽이를 넣고 충분히 볶는다.

4 콩나물, 크러쉬드레드페퍼, 굴소스를 넣고 콩나물의 숨이 죽을 때까지 볶는다.

PART 6

HIGH PROTEIN
LOW CARBOHYDRATE
DIET RECIPES

더 짱짱해진 일주일!

돈 아끼고
살 빠지는
일석이조
밀프렙

제가 다이어트에 성공할 수 있었던 팁 중의 팁은 직장을 다니며
실천했던 밀프렙이에요. 주말에 5일분을 만들어두면
늦게 끝나는 날에도, 피곤해서 도시락을 못 싸고 잠드는 날에도,
다음 날 밀프렙 도시락을 가뿐하게 챙길 수 있었어요.
냉동 보관이 가능한 데다 전자레인지에 데우기만 하면 되니까
음식이 상하거나 시들 걱정은 하지 않아도 돼요.
몇 시간만 투자하면 평일 다이어트가 보다 편해질 밀프렙에
꼭 도전해보세요.

PART 6 | MEAL PREP

토마토 오므라이스

오므라이스도 밀프렙 메뉴가 된다는 걸 아셨나요?
달걀로 지단을 만들어 내열용기에 펼쳐 넣고, 토마토소스로 새콤달콤하게
볶은 밥을 넣어 다시 지단으로 예쁘게 덮어주세요. 스리라차소스를 나만의
스타일로 뿌려주면 맛있고 귀여운 오므라이스 완성! 기호에 따라
스리라차소스 대신 노슈거케첩을 곁들여도 좋아요.

- INGREDIENTS

  ○ 달걀 10개
  ○ 잡곡밥 480g
  ○ 새송이버섯 6개
  ○ 주키니호박 200g
  ○ 청양고추 3개
  ○ 셀러리 1대
  ○ 토마토소스 5큰술
  ○ 허브솔트 약간
  ○ 올리브유 2큰술
  ○ 스리라차칠리소스 약간

1 새송이, 주키니, 청양고추, 셀러리는 굵게 다진다.

2 달걀은 잘 풀고, 달군 팬에 올리브유 1큰술을 조금씩 나눠서 둘러 키친타월로 살짝 닦아낸 다음, 약불로 지단 5장을 만들어 한 김 식힌다.

3 달군 팬에 올리브유 1큰술을 두르고 새송이, 주키니, 고추, 셀러리, 밥, 토마토소스를 넣어 볶다가 허브솔트를 뿌려 재빨리 섞듯이 볶는다.

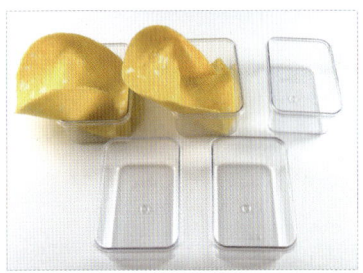

4 내열용기 5개에 각각 지단을 1장씩 펼쳐 올려 지단 면적의 절반만 용기 안에 눌러 담는다.

5 지단 올린 용기 5개에 볶음밥을 약 230g씩 소분해 담고, 지단으로 밥을 덮어 스리라차칠리소스를 뿌린 다음, 1~2일 이내 먹을 것은 냉장실에, 이후에 먹을 것은 냉동 보관한다.

PART 6 | MEAL PREP

즉석오트밀 버섯리소토

밀프렙 메뉴 중에 가장 간편하게 만들 수 있는 강력 추천 메뉴예요. 팽이버섯, 퀵오트밀, 냉동채소믹스, 치즈, 카레가루를 그릇에 담아 냉동하면 이번 주 밀프렙이 완성이라니, 믿어지시나요? 냉동한 리소토는 먹기 전에 무가당두유나 저지방우유 1컵을 넣고 전자레인지로 해동해서 따끈따끈하게 즐기세요.

- INGREDIENTS

  ○ 오트밀(퀵오트) 175g
  ○ 팽이버섯 2봉
  ○ 냉동채소믹스 300g
  ○ 피자치즈 75g
  ○ 카레가루 1+2/3큰술
  ○ 후춧가루 약간
  ○ 무가당두유 5컵
   (혹은 저지방두유,
   1회 1컵 분량)

1 팽이버섯은 밑동을 제거하고 3등분하여 썬다.

2 내열용기 5개에 오트밀을 35g씩 담고 팽이버섯을 올린다.

오트밀 35g은 일반 종이컵의 1/2 분량이에요.

3 각각 채소믹스 60g, 피자치즈 15g, 카레가루 1/3큰술씩을 올리고 냉동 보관한다.

4 냉동한 오트밀은 두유 1컵을 붓고 전자레인지로 3분 30초간 가열해 후춧가루를 뿌려 먹는다.

MINI'S TIP 팽이버섯에는 지방 연소를 돕는 키토산이 풍부해요. 팽이버섯을 얼렸다 조리하면 단단한 세포벽이 찢기며 세포 속 성분이 잘 빠져나와 더 건강하게 먹을 수 있어요.

저녁

PART 6 | MEAL PREP

아몬드 닭볶음

그렇게도 좋아했던 도시락 반찬 소시지볶음이 다이어트식으로 변신했어요.
소시지볶음의 단골 재료인 양파, 피망, 파프리카로 맛과 향을 더하고,
첨가물 들어간 소시지 대신 닭가슴살을 넣었어요. 중간중간 오도독오도독 씹히는
식감과 영양을 위해 아몬드를 넣고 매콤한 스리라차칠리소스로 양념해
속세 음식에 대한 욕망을 잠재워드려요.

- INGREDIENTS

- 완조리닭가슴살 500g
  (혹은 삶은 닭가슴살)
- 아몬드 5줌(100g)
- 새송이버섯 5개
- 양파 1/2개(110g)
- 피망 1개
- 노란파프리카 1개
- 빨간파프리카 1개
- 당근 1/3개(100g)
- 올리브유 1+1/2큰술
- 다진 마늘 20g
- 스리라차칠리소스 3큰술
- 노슈거케첩 2큰술
- 꿀 2큰술
- 크러쉬드레드페퍼 약간

1 닭가슴살은 작은 한입 크기로 썬다.

2 피망, 파프리카, 당근, 양파, 버섯은 닭가슴살과 비슷한 크기로 썬다.

3 케첩, 스리라차칠리소스, 꿀, 다진 마늘을 섞어 소스를 만든다.

4 달군 냄비에 올리브유를 두르고 당근, 양파를 볶다가 피망, 버섯, 파프리카, 닭가슴살, 아몬드를 넣어 충분히 볶는다.

5 섞어둔 소스를 넣고 크러쉬드레드페퍼를 취향껏 뿌려 볶는다.

6 내열용기 5개에 약 270g씩 소분해 1~2일 이내 먹을 것은 냉장실에, 이후에 먹을 것은 냉동 보관한다.

잡곡밥을 곁들여 점심으로 먹어도 좋아요.

아침
점심

PART 6 | MEAL PREP

소고기 가지덮밥

안토시아닌과 식이섬유가 풍부한 가지는 다이어트 할 때 자주 사용하는 채소예요.
가격이 저렴하기도 하고 마트나 시장에서 구하기도 쉽거든요. 좋은 기름과 함께
볶아 먹으면 영양 흡수율이 높아질 뿐만 아니라 부드러운 맛도 일품이랍니다.
소고기와 함께 굴소스로 볶아 제대로 된 명품 밀프렙 요리를 맛보세요.

- INGREDIENTS

- 가지 4개
- 소고기 간 것 300g
  (혹은 돼지고기 간 것)
- 달걀 5개
- 잡곡밥 500g
- 양파 1/2개(100g)
- 청양고추 3개
- 다진 마늘 2큰술
- 굴소스 2큰술
- 올리브유 2큰술
- 들깻가루 3큰술
- 후춧가루 약간

1 가지, 양파는 먹기 좋게 썰고, 청양고추는 어슷 썬다.

달걀프라이는 기호대로 익혀요.

2 달군 팬에 올리브유 1큰술을 두르고 달걀프라이 5개를 만든다.

고기가 익을 때까지 볶아주세요.

3 달군 냄비에 올리브유 1큰술을 두르고 양파, 고추를 볶다가 가지, 소고기 간 것을 넣어 볶는다.

4 다진 마늘, 굴소스, 들깻가루를 넣고 볶는다.

5 내열용기에 각각 잡곡밥 100g, 가지볶음 약 180g씩을 담고 달걀프라이를 1개씩 올려 후춧가루를 뿌린다.

6 1~2일 이내 먹을 것은 냉장실에, 이후에 먹을 것은 냉동 보관한다.

PART 6 | MEAL PREP

낫토티야

SNS에서 수많은 분들이 맛있다는 후기를 남겨주신 인기 레시피예요.
"낫토가 건강에 좋은 건 알지만, 향과 식감 때문에 거부감을 느꼈는데 이 레시피 덕분에 낫토에 입문했다!"는 분들이 정말 많았어요. 한 번에 여러 개 만들어서 냉동실에 넣어두면 맛도 좋고 휴대하기에도 편리해 간편 도시락으로 최고예요.

- INGREDIENTS

- 완조리닭가슴살 3팩(375g)
  (혹은 삶은 닭가슴살)
- 냉동낫토 5팩
- 통밀토르티야 5개
- 깻잎 15장
- 파프리카 1개(120g)
- 양파 1/3개(70g)
- 청양고추 2개
- 슬라이스치즈 5개
- 카레가루 1큰술
- 후춧가루 약간
- 올리브유 1/2큰술

1 깻잎은 씻어 물기를 뺀다.

2 완조리닭가슴살은 굵게 다지고, 양파, 파프리카, 청양고추는 곱게 다진다.

채소다지기를 사용하면 편리해요.

너무 바싹 구우면 토르티야가 과자처럼 부서져요.

3 마른 팬에 토르티야를 앞뒤로 살짝 굽는다.

4 달군 팬에 올리브유를 두르고 닭가슴살, 다진 채소를 볶다가 카레가루, 후춧가루를 넣어 강불로 수분이 날아가게 볶는다.

냉동낫토는 해동하지 않고 냉동 상태 그대로 사용해요.

5 랩을 깔고 토르티야 ▶ 깻잎 1장 ▶ 치즈 ▶ 닭가슴살볶음 ▶ 냉동낫토 ▶ 깻잎 2장을 올린다.

6 토르티야를 좌우, 상하로 접어 정사각형 모양으로 만들고, 접은 면이 바닥에 닿게 뒤집어서 래핑한다.

낫토는 열을 가하면 유익균이 파괴되니 자연 해동하거나 먹기 전날 냉장실에 두었다가 전자레인지로 15초 정도만 가열해 먹어요.

7 나머지 낫토티야 4개를 만들어 래핑하고, 2개는 냉장실에, 3개는 냉동실에 보관하여 자연 해동해 먹는다.

아침
점심

PART 6 | MEAL PREP

참치채소 들깨죽

담백한 참치와 다양한 채소, 버섯까지 추가해 포만감과 영양을 주욱 끌어올린 죽 요리예요. 푹 익은 밥과 참치 덕분에 든든한 데다 들깻가루를 넣어 특유의 풍미와 함께 속을 따뜻하게 보해줘요. 속은 편안하게, 하지만 배고프지 않게 다이어트 하고 싶다면 참치채소들깨죽으로 밀프렙에 도전해보세요.

- INGREDIENTS

- 참치통조림 2개(420g)
- 잡곡밥 480g
- 양파 1개(130g)
- 당근 1/2개(140g)
- 브로콜리 1/2개(130g)
- 맛타리버섯 200g
- 올리브유 2큰술
- 물 4컵
- 간장 2큰술
- 들깻가루 5큰술
- 들기름 2큰술

1 참치는 체에 밭쳐 끓는 물을 붓고 기름기를 제거한다.

2 당근, 브로콜리, 버섯, 양파는 다진다.

3 달군 팬에 올리브유를 두르고 양파, 당근, 버섯, 브로콜리를 볶는다.

4 잡곡밥, 참치, 물을 넣고 잘 섞어 중불에서 중간중간 저어가며 10분 이상 끓인 다음, 걸쭉해지면 간장, 들깻가루, 들기름을 섞어 한 김 식힌다.

5 내열용기 5개에 약 430g씩 소분하여 2개는 냉장실에, 3개는 냉동 보관한다.

아침
점심

PART 6 | MEAL PREP

훈제오리 버섯볶음밥

훈제오리는 고기에서 적당히 짭짤하고 맛있는 기름이 나와서
별도의 소스나 오일을 더하지 않아도 맛있는 볶음밥을 만들 수 있어요.
훈제오리에 식이섬유가 풍부한 버섯과 병아리콩을 듬뿍 넣어서
잡곡밥의 양을 약간 줄였지만, 기분 좋은 포만감이 유지돼요.
가족들이 뺏어 먹을 수도 있으니 넉넉히 만들어두세요.

- INGREDIENTS

- 훈제오리 400g
- 잡곡밥 400g
- 삶은 병아리콩 200g
  (혹은 병아리콩통조림)
- 새송이버섯 4개
- 부추 170g
- 양파 1/2개(90g)
- 당근 85g
- 청양고추 3개
- 햄프시드 3큰술

1 훈제오리는 먹기 좋게 썬다.

2 양파, 당근, 청양고추, 버섯은 다지고, 부추는 3cm 길이로 썬다.

3 마른 팬에 훈제오리를 볶다가 기름이 나오면 양파, 당근, 고추, 버섯을 넣고 볶는다.

4 밥, 병아리콩을 넣고 강불로 수분이 날아가게 볶다가 부추를 넣어 재빨리 볶는다.

5 내열용기 5개에 약 200g씩 소분하여 각각 햄프시드를 1/2큰술씩 뿌리고, 2개는 냉장실에, 3개는 냉동 보관한다.

아침
점심

PART 6 | MEAL PREP

비트카레

레드비트는 다이어트 할 때 변비에 즉효인 재료인데, 특유의 흙냄새 때문에 먹기
힘들어하는 분이 많더라고요. 그래서 제가 만들었어요. 맛도 좋고 변비와 작별을
고하는 비트카레를요! 카레의 향이 비트의 향을 눌러 먹기 편하고 식감이 살아 있어
씹는 즐거움도 있어요. 한 그릇 먹고 나면 다음 날 쾌변은 필수랍니다.

- INGREDIENTS

- 비트 2개(400g)
- 새송이버섯 2개
- 당근 1/2개(120g)
- 양파 1/2개(110g)
- 연근 100g
- 완조리닭가슴살 375g
  (혹은 삶은 닭가슴살)
- 코코넛오일 2큰술
  (혹은 올리브유)
- 저지방우유 3컵
- 카레가루 5큰술
- 크러쉬드레드페퍼 약간
- 잡곡밥 500g

1 완조리닭가슴살, 새송이는 작은 한입 크기로 썬다.

2 당근, 양파는 작은 한입 크기로 썰고, 연근, 비트도 껍질 벗겨 같은 크기로 썬다.

3 달군 냄비에 코코넛오일을 두르고 당근, 양파, 연근, 비트를 충분히 볶다가 닭가슴살, 새송이를 넣고 볶는다.

4 우유, 크러쉬드레드페퍼, 카레가루를 넣고 비트가 익을 때까지 충분히 끓인다.

김치를 약간씩 곁들여 먹어요.

5 내열용기 5개에 각각 잡곡밥 100g, 비트카레 약 300g씩을 담고 1~2일 이내 먹을 것은 냉장실에, 이후에 먹을 것은 냉동 보관한다.

아침
점심

PART 6 | MEAL PREP

버섯크림
프렌치토스트

다이어트 중에도 프렌치토스트를 먹을 수 있어요. 그것도 밀프렙해서 저장해두고요!
우선 통밀식빵에 달걀물을 적셔 코코넛오일에 구워주세요. 버섯과 브로콜리를 두유로
진하게 맛 내서 프렌치토스트에 올리면 다이어트 요리가 맞나 싶을 정도로 너무너무
맛있어요. 크리미하고 꾸덕꾸덕한 음식을 좋아하는 분이라면 절대 놓치지 마세요.

- INGREDIENTS

  ○ 통밀식빵 5장
  ○ 달걀 5개
  ○ 무가당두유 1+1/2컵
  ○ 새송이버섯 6개
  ○ 브로콜리 1/2개(150g)
  ○ 양파 1/2개(100g)
  ○ 피자치즈 70g
  ○ 허브솔트 1/4큰술
  ○ 코코넛오일 2큰술
    (혹은 올리브유)

1 버섯, 브로콜리, 양파는 작은 한입 크기로 썬다.

2 달걀, 두유 1/2컵을 섞어 잘 풀고 식빵 5장을 담가 충분히 적신다.

3 달군 팬에 코코넛오일 1큰술을 조금씩 나눠서 둘러 달걀물에 적신 식빵 5장을 앞뒤로 노릇하게 굽는다.

4 달군 팬에 코코넛오일 1큰술을 두르고 버섯, 브로콜리, 양파를 볶다가 두유 1컵, 피자치즈, 허브솔트를 넣고 걸쭉해질 때까지 끓여 버섯크림을 만든다.

전자레인지로 해동해서 가위로 빵을 잘라 먹으면 한입에 쏙쏙 먹을 수 있어요.

5 내열용기 5개에 프렌치토스트 1장씩을 담아 버섯크림을 약 190g씩 소분해 올리고 냉동 보관한다.

아침
저녁

PART 6 | MEAL PREP

병아리콩 토마토수프

따끈따끈한 국물이 속을 든든하고 따뜻하게 만들어주는 수프예요.
토마토와 셀러리를 넣어 새콤달콤하면서도 이국적이고 고급스러운 맛이 나서
서양 음식이 먹고 싶을 때 좋아요. 끓이면 끓일수록 우러나는 국물 맛이 좋으니까
한꺼번에 많이 만들어두길 추천해요. 먹고 나면 기분 전환이 될 거예요.

- INGREDIENTS

- 삶은 병아리콩 450g
  (혹은 병아리콩통조림)
- 방울토마토 400g
- 셀러리 150g
- 양파 1/2개(110g)
- 마늘 10개
- 당근 150g
- 브로콜리 85g
- 새송이버섯 3개
- 블랙올리브 10개
- 아보카도오일 2큰술
  (혹은 올리브유)
- 토마토퓌레 1컵
- 크러쉬드레드페퍼 1큰술
- 치킨스톡 1/2큰술
- 바질가루 1큰술
- 물 2컵

1 셀러리, 양파, 당근은 굵게 다지고, 브로콜리는 한입 크기로 썰고, 마늘은 편 썬다.

2 새송이는 먹기 좋게 썰고, 방울토마토는 2등분하고, 올리브는 동그란 모양 살려 썬다.

3 달군 냄비에 아보카도오일을 두르고 셀러리, 양파, 브로콜리, 당근을 볶다가 병아리콩, 토마토, 새송이, 올리브를 넣고 충분히 볶는다.

4 물, 토마토퓌레, 치킨스톡, 크러쉬드레드페퍼, 바질가루를 넣고 잘 섞어 뚜껑 닫아 충분히 끓인다.

5 내열용기 5개에 약 400g씩 소분해 1~2일 이내 먹을 것은 냉장실에, 이후에 먹을 것은 냉동 보관한다.

저녁
간식

PART 6 | MEAL PREP

닭가슴살햄

몇 시간만 투자하면 생닭가슴살로 햄을 만들어 일주일 동안 맛있고 간편하게 즐길 수 있어요. 청양고추로 매운맛을, 치즈로 고소함을 살렸으니 맛이 없을 리가요. 김밥처럼 한 손에 들고 먹을 수 있어 간편하고, 채소를 더하면 샐러드로 먹을 수 있어요. 퍽퍽한 닭가슴살이 질린 분, 새로운 맛을 찾는 분에게 추천합니다!

- INGREDIENTS

- 생닭가슴살 650g
- 당근 150g
- 브로콜리 120g
- 마늘 7개
- 청양고추 2개
- 바질가루 1큰술
- 슬라이스치즈 5개

채소다지기로 다지면 편리해요. 모든 재료를 큰 볼에 넣어 버무려요.

1 생닭가슴살, 당근, 브로콜리, 마늘, 청양고추는 잘게 다져 바질가루를 넣고 섞는다.

2 랩을 깔고 다진 재료를 정사각형 모양으로 납작하게 펴 올린 다음, 치즈를 가운데에 올린다.

3 김밥 말 듯 한 차례 동그랗게 만다.

중간중간 랩 안의 공기를 뺀다는 느낌으로 말아주세요.

4 랩의 좌우를 접어 다시 돌돌 말아 래핑하고, 같은 방법으로 닭가슴살햄 4개를 더 만든다.

5 끓는 물을 약불로 줄여 래핑한 닭가슴살햄을 넣은 다음, 뚜껑 닫아 15분간 익히고 그대로 건져 한 김 식힌다.

6 1~2일 이내 먹을 것은 냉장실에, 이후에 먹을 것은 냉동 보관하고 전자레인지로 해동해 먹는다.

아침
점심

PART 6 | MEAL PREP

오징어 콩나물볶음밥

삼겹살이나 오징어볶음을 먹고 나서 밥을 볶아 먹으면 왜 그렇게 맛있을까요?
가끔 그 맛이 생각나서 식감 좋은 재료를 듬뿍 넣고 고춧가루를 뿌려 매콤한 볶음밥을
만들었어요. 입안 가득 오징어와 콩나물이 맛있게 씹히고 삼키고 나면
맵싸한 부추의 향과 고소한 들기름 향이 은은하게 남아요.

- INGREDIENTS

- 오징어 370g
- 콩나물 300g
- 잡곡밥 480g
- 대파 40g
- 청양고추 3개
- 양파 1/2개(100g)
- 부추 100g
- 맛타리버섯 175g
- 아보카도오일 2큰술
  (혹은 올리브유)
- 간장 3큰술
- 고춧가루 2큰술
- 들기름 3큰술
- 검은깨 약간

1 콩나물은 씻어 물기를 뺀다.

2 대파, 양파는 굵게 다지고, 고추는 얇게 어슷 썰고, 부추는 먹기 좋게 짧게 썬다.

3 버섯, 오징어는 먹기 좋게 썬다.

콩나물의 숨이 죽을 때까지 볶아요.

4 달군 냄비에 아보카도오일을 두르고 대파, 양파, 고추를 볶다가 오징어, 버섯, 콩나물, 밥을 넣어 볶는다.

5 부추, 간장, 고춧가루를 넣고 재빨리 볶아 들기름을 섞는다.

6 내열용기 5개에 약 290g씩 소분해 검은깨를 뿌리고, 1~2일 이내 먹을 것은 냉장실에, 이후에 먹을 것은 냉동 보관한다.

아침
점심

PART 6 | MEAL PREP

오트밀 닭죽

몇 년 전 세계 10대 푸드에 귀리가 선정되면서 귀리를 먹기 편하게 가공한 오트밀이 인기를 끌고 있어요. 외국에서는 익숙한 재료지만 우리에겐 낯설 수도 있는데요, 몇 번 먹어보면 간편해서 손이 가고 모든 재료와 잘 어울려서 자주 먹게 돼요. 특히 퀵오트밀은 물에 금방 불어 많은 양의 닭죽을 금세 만들기에 편리해요.

- INGREDIENTS

  ○ 오트밀(퀵오트) 170g
  ○ 완조리닭가슴살 3팩(375g)
    (혹은 삶은 닭가슴살)
  ○ 애호박 1/2개(145g)
  ○ 당근 130g
  ○ 양파 1/2개(110g)
  ○ 청양고추 3개
  ○ 달걀 2개
  ○ 올리브유 1큰술
  ○ 간장 2큰술
  ○ 들기름 3큰술
  ○ 후춧가루 약간
  ○ 물 5+1/2컵

1 당근, 호박, 양파, 고추는 다지고, 닭가슴살은 결대로 찢는다.

2 달군 냄비에 올리브유를 두르고 당근, 호박, 양파, 고추를 볶는다.

3 닭가슴살, 오트밀, 물을 붓고 눌어붙지 않도록 저어가며 끓인다.

4 오트밀이 물에 불어 걸쭉해지면 달걀을 넣고 저어가며 익힌 다음, 간장, 들기름으로 간해 한 김 식힌다.

5 내열용기 5개에 약 330g씩 소분해 후춧가루를 뿌리고, 2개는 냉장실에, 3개는 냉동 보관한다.

아침
저녁

PART 6 | MEAL PREP

흰강낭콩 크림수프

탄수화물의 흡수를 막아주고 식물성 단백질과 식이섬유가 풍부한 흰강낭콩으로 진한 크림수프를 끓였어요. 콩 단백질이 주는 포만감이 대단해서 적은 양을 먹어도 만족스러운 음식이에요. 팽이버섯, 양파, 브로콜리 같은 채소와 베이컨, 두유, 치즈까지 넣어 부드럽고 고소하답니다. 이따금 베이컨이 씹힐 때마다 짜릿해요.

- INGREDIENTS

- 삶은 흰강낭콩 400g
  (혹은 흰강낭콩통조림)
- 팽이버섯 1봉
- 양파 1개
- 브로콜리 160g
- 베이컨 80g
- 슬라이스치즈 3개
- 무가당두유 2컵
- 물 1컵
- 아보카도오일 2큰술
  (혹은 올리브유)
- 허브솔트 약간
- 후춧가루 약간

흰강낭콩을 직접 삶을 때는 아래 미니의 팁을 참고하세요.

1. 믹서에 삶은 흰강낭콩, 두유를 넣고 잘 간다.

2. 브로콜리, 양파, 팽이는 다지고, 베이컨은 잘게 썬다.

3. 달군 냄비에 아보카도오일을 두르고 브로콜리, 양파, 팽이, 베이컨을 충분히 볶는다.

4. 갈아둔 흰강낭콩, 물을 넣고 눌어붙지 않게 저어가며 끓인다.

MINI'S TIP

흰강낭콩을 직접 삶을 때는 1시간 정도 물에 담가 불린 후에 뚜껑을 닫은 채 강불에서 15분, 중불에서 10분 정도 삶아주세요.

흰강낭콩통조림은 '카넬리니 통조림' 이라고 검색하면 쉽게 구할 수 있어요.

5. 허브솔트, 후춧가루, 치즈를 넣고 저어가며 끓인다.

후춧가루는 기호에 맞게 가감하세요.

6. 내열용기 5개에 약 310g씩 소분해 후춧가루를 뿌리고, 1~2일 이내 먹을 것은 냉장실에, 이후에 먹을 것은 냉동 보관한다.

다이어트 할 때도 단 건 못 끊어!

비타민 팡팡,
단백질 뿜뿜
디저트&스무디

다이어트 최대의 적인 변비를 없애주고 꿀피부를
만들어줄 스무디, 아침 대용으로 마셔도 든든한 셰이크,
서양 언니의 SNS 속 비주얼이 부럽지 않은 스무디볼,
다이어트식 쿠키와 초콜릿바까지, 여러분의 다이어트를 즐겁게
만들어줄 참신한 메뉴를 담았어요. 매번 간식에 무너지던
다이어터라면 미니가 알려주는 '입 터짐 막아주는 디저트'로
속세 음식에 대한 욕망을 잠재워요.

PART 7 | DESSERT

초간단비트주스

저의 첫 번째 레시피 책의 베스트 메뉴, 효과 직방 비트주스의 초간단 버전이에요. 불을 안 쓰고 전자레인지로 1회 분량만 만들면 훨씬 간편한 데다 맛과 효과는 똑같답니다.

- INGREDIENTS

  - 비트 1/2개(140g)
  - 당근 70g
  - 사과 1/4조각(70g)
  - 레몬즙 1큰술
  - 물 1컵

1 비트, 당근, 사과는 한입 크기로 썬다.

비트는 껍질 벗겨 사용해요.

2 그릇에 비트, 당근, 물 1/2컵을 담고 랩을 씌워 구멍을 뚫은 다음, 전자레인지로 3분 30초간 가열해 한 김 식힌다.

3 믹서에 익힌 비트, 당근, 물 1/2컵, 사과, 레몬즙을 넣고 잘 간다.

망고스무디볼

동남아에 온 듯한 기분을 느낄 수 있는 망고스무디볼이에요. 망고는 비타민과 칼륨이 풍부한 데다 예쁘고 맛있고 든든하기까지 해서 다이어트 할 때 먹으면 기분까지 좋아져요.

● INGREDIENTS

- 냉동망고 60g
- 바나나 1개
- 저지방우유 1/2컵
- 무가당요거트 1/2컵
- 단호박가루 1/2큰술
- 키위 1개
- 블루베리 1줌
- 코코넛칩 10g
- 치아시드 약간
- 햄프시드 약간

1 키위, 바나나 1/2개는 동그란 모양 살려 얇게 썰고, 나머지 바나나 1/2개는 큼직하게 썬다.

2 믹서에 냉동망고, 큼직하게 썬 바나나 1/2개, 우유, 요거트, 단호박가루를 넣고 잘 간다.

3 그릇에 망고스무디를 담고 키위, 바나나, 블루베리, 각종 견과류를 취향껏 토핑한다.

PART 7 | DESSERT

블루베리스무디볼

안토시아닌과 비타민이 풍부한 블루베리는 다이어트 중에 빼놓지 않고 먹고 있어요. 요거트와 블루베리, 바나나를 함께 갈아 씹는 재미를 주는 재료까지 토핑해 예쁘게 담아보세요.

● INGREDIENTS

- 블루베리 2줌
- 딸기 3개
- 청포도 3개
- 바나나 1개
- 무가당요거트 80ml
- 아몬드 1줌
- 타이거너트슬라이스 약간
- 치아시드 약간
- 햄프시드 약간

1 딸기, 청포도는 2등분하고, 바나나는 먹기 좋게 썬다.

2 믹서에 블루베리 1줌, 바나나, 요거트를 넣고 잘 간다.

3 얕은 그릇에 스무디를 담고 블루베리 1줌, 딸기, 청포도, 각종 견과류를 취향껏 올린다.

PART 7 | DESSERT

시금치스무디볼

처음엔 생소한 조합이겠지만 시금치와 바나나가 만나면 그 어떤 스무디보다 맛있어요.
시금치스무디에 건강한 재료를 알록달록하게 토핑해서 맛있게 드세요.

• INGREDIENTS

- 시금치 2줌(70g)
- 바나나 1개
- 무가당두유 1/2컵
- 딸기 5개
- 파인애플 60g
- 블루베리 1줌
- 아몬드 1줌
- 볶은서리태 1줌
- 타이거너트슬라이스 1큰술

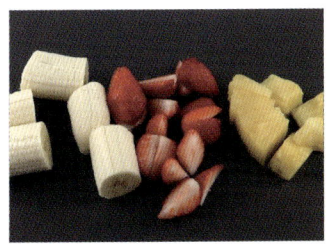

1. 바나나, 딸기, 파인애플은 한입 크기로 썰고, 시금치는 씻어 물기를 뺀다.

2. 믹서에 시금치, 바나나, 두유를 넣고 잘 간다.

3. 그릇에 시금치스무디를 담고 딸기, 파인애플, 블루베리, 각종 견과류를 취향껏 올린다.

비트스무디볼

변비 해소에 최고인 비트주스로 만든 비트스무디볼은 요거트가 들어가서 비트의 흙냄새를 감춰줘요.
과일과 견과류를 토핑한 맛 좋은 변비 해결사를 만나보세요.

• INGREDIENTS

- 비트주스 300ml
  (204쪽 참고)
- 무가당요거트 3큰술
- 키위 1/2개
- 사과 1/4개
- 피칸 1줌
- 카카오닙스 1큰술
- 햄프시드 1/2큰술
- 타이거너트슬라이스 1/2큰술

1 사과, 키위는 작게 깍둑 썬다.

비트주스는 204쪽을 참고하세요.

2 그릇에 비트주스를 담고 요거트를 올린다.

3 사과, 키위와 각종 견과류를 취향껏 토핑한다.

PART 7 | DESSERT

토마토당근주스

토마토의 리코펜과 당근에 든 베타카로틴은 지용성 영양소라서 올리브유에 볶으면 흡수율이 훨씬 좋아져요. 볶아서 맛 또한 깊고 부드러워지니 똑똑하고 맛있게 예뻐지세요.

- INGREDIENTS

  - 토마토(작은 것) 2개(140g)
  - 당근 1/2개(100g)
  - 코코넛워터 1컵
  - 올리브유 1/3큰술
  - 레몬즙 1/2큰술

1. 토마토, 당근은 먹기 좋게 썬다.

2. 달군 팬에 올리브유를 두르고 토마토, 당근을 가볍게 볶아 살짝 익힌다.

3. 믹서에 볶은 토마토, 당근, 코코넛워터, 레몬즙을 넣고 잘 간다.

파프리카키위주스

파프리카 중에 가장 달콤한 노란파프리카와 그린키위보다 비타민이 풍부한 골드키위로 활력을 충전했어요. 먹을 때마다 날씬해지는 것은 물론, 피부까지 챙겨드려요.

- INGREDIENTS

  ○ 노란파프리카 1개(150g)
  ○ 골드키위 1개
  ○ 코코넛워터 1컵

1 파프리카는 한입 크기로 썰고, 키위는 껍질 벗겨 3등분한다.

2 믹서에 파프리카, 키위, 코코넛워터를 넣고 잘 간다.

PART 7 | DESSERT

초코바나나스무디

달콤한 초코를 참는 게 어려운 다이어터에게 바치는 레시피예요. 맛을 보면 기분이 좋아지고 포만감 덕분에 행복해져요. 우유의 양을 약간 줄이면 빵에 발라 먹는 스프레드로 변신해요.

- INGREDIENTS

  - 바나나 1개
  - 무가당코코아가루 1+1/2큰술
  - 아몬드 12개
  - 카카오닙스 1줌
  - 저지방우유 1컵

1 바나나는 먹기 좋게 썬다.

2 믹서에 바나나, 코코아가루, 아몬드, 카카오닙스, 우유를 넣고 잘 간다.

연근사과스무디

장 건강을 챙기고 디톡스 효과를 느끼고 싶다면 연근사과스무디를 추천해요. 상큼하고 고소한 맛에 포만감까지 좋아 간단한 아침이나 간식으로 제격이에요.

- INGREDIENTS

  ○ 연근 90g
  ○ 사과 1/2개(130g)
  ○ 귀리우유 1컵

마트에서 손질된 연근을 사면 편리해요.

1 연근은 껍질 벗겨 사과와 함께 먹기 좋게 썬다.

2 믹서에 연근, 사과, 귀리우유를 넣고 잘 간다.

PART 7 | DESSERT

셀러리파인애플주스

식이섬유, 비타민, 칼륨이 풍부한 셀러리는 파인애플과 함께 갈면 특유의 향이 누그러져요.
새콤달콤한 맛에 비타민이 듬뿍 든 주스 한 잔으로 상쾌한 하루를 시작해봐요.

- INGREDIENTS

  - 셀러리 100g
  - 파인애플 80g
  - 코코넛워터 1컵

1 셀러리, 파인애플은 먹기 좋게 썬다.

2 믹서에 셀러리, 파인애플, 코코넛워터를 넣고 잘 간다.

PART 7 | DESSERT

검은콩바나나두부셰이크

든든하고 건강한 한 끼 대용으로 좋은 검은콩바나나셰이크는 일반 셰이크에 비해 꾸덕꾸덕해서 든든함이 오래가요. 볶은 콩과 두부의 식물성 단백질이 담긴 맛 좋은 음료를 만나보세요.

- INGREDIENTS

  - 바나나 1개
  - 두부 1/3모(100g)
  - 볶은서리태 1줌
  - 무가당두유 1컵

1 바나나, 두부는 먹기 좋게 썬다.

2 믹서에 바나나, 두부, 두유, 볶은서리태를 넣고 잘 간다.

PART 7 | DESSERT

딸기블루베리스무디

딸기와 블루베리는 과일 중에서도 당 함량이 낮고 비타민이 풍부해 다이어트 중에 먹기 좋은 과일이에요. 고소한 아몬드우유와 몸에 좋은 치아시드로 영양과 포만감을 동시에 채워요.

- **INGREDIENTS**
  - 딸기 8개(95g)
  - 블루베리 1줌(35g)
  - 치아시드 1큰술
  - 아몬드우유 1컵

1 딸기는 꼭지를 떼고 블루베리와 함께 통째로 준비한다.

2 믹서에 딸기, 블루베리, 치아시드, 아몬드우유를 넣고 잘 간다.

PART 7 | DESSERT

바나나 오트밀쿠키

바나나와 오트밀로 쫀득한 식감, 달콤한 맛이 일품인 노 밀가루 건강 쿠키를 만들어보세요. 한 김 식혀 입이 궁금할 때 1~2개씩 간식으로 먹으면 정말 좋아요.

- INGREDIENTS

  ○ 바나나 2개
  ○ 오트밀(퀵오트) 90g
  ○ 달걀 2개
  ○ 카카오닙스 5큰술
  ○ 건블루베리 2+1/2큰술
  ○ 건크랜베리 2큰술
  ○ 무가당코코아가루 1큰술
  ○ 단호박가루 1큰술
  ○ 말차가루 1큰술
  ○ 마카다미아 20개
     (혹은 아몬드)

1 잘 익은 바나나를 충분히 으깬다.

2 으깬 바나나에 오트밀, 달걀, 카카오닙스, 건과일을 섞어 반죽을 만든다.

3 내열용기 3개에 반죽을 나누어 담고, 각각 무가당코코아가루, 단호박가루, 말차가루를 섞는다.

전자레인지 사용법은 아래 미니의 팁을 참고하세요.

4 에어프라이어에 종이포일을 깔고 쿠키 모양으로 반죽을 얹은 다음, 마카다미아, 건과일을 취향껏 토핑해 160℃에서 10분, 뒤집어서 5분간 더 구워 한 김 식힌다.

MINI'S TIP 에어프라이어 대신 전자레인지를 사용할 때는 3분 가열하고 식히는 과정을 4~5회 반복해요.

뮤즐리 견과류바

몸에 좋은 뮤즐리와 견과류로 만든 간편 건강식, 초간단 뮤즐리바예요.
물엿과 설탕이 잔뜩 들어간 시판 견과류바를 다이어트 재료로 바꿔 간단한
방법으로 만들었어요. 귀여운 모양의 실리콘틀로 예쁘게 완성해보세요.

- INGREDIENTS

- 7회 분량
- 뮤즐리 100g
- 아몬드 80g
- 카카오닙스 20g
- 알룰로스 4큰술
  (혹은 올리고당)
- 단호박가루 1큰술

> 좋아하는 견과류를 다양하게 사용하세요.

1 아몬드는 칼등으로 눌러 잘게 부순다.

2 마른 팬에 약불로 뮤즐리를 1분간 가볍게 볶는다.

> 알룰로스는 재료 위에 빙 둘러 골고루 뿌려요.

3 아몬드, 카카오닙스, 알룰로스를 넣고 약불에서 끈적해질 때까지 볶는다.

> 말차가루, 카카오가루 등도 좋아요. 단호박가루는 점성이 생겨 더 잘 붙게 하고 식감을 쫀득 바삭하게 해요.

4 단호박가루를 넣고 재빨리 섞는다.

> 일반용기를 사용할 땐 올리브유를 얇게 펴 바른 뒤 주걱으로 꾹꾹 눌러 담아요.

5 위생장갑을 끼고 실리콘 얼음틀에 볶은 재료를 빈틈없이 꼭꼭 눌러 담는다.

6 냉장 보관해서 2시간 이상 굳히고, 일반용기에 담은 큰 뮤즐리바는 칼로 먹기 좋게 썬다.

PART 7 | DESSERT

시나몬
바크초콜릿

보기만 해도 기분이 좋아지는 고영양 간식이에요. 만드는 법은 무척 간단하지만
모양이 너무 예뻐서 먹기가 아까울 정도죠. 당 함량이 0g인 단백질초콜릿에
건과일과 견과류를 넣어서 한꺼번에 9~10회 분량으로 만들었어요.
단 음식이 당길 때 소분해서 한두 조각씩 먹는 습관을 들여보세요.

- INGREDIENTS

- 단백질초콜릿 150g
- 카카오닙스 40g
- 코코넛오일 2큰술
- 시나몬가루 3큰술
- 건과일 30g
- 마카다미아 7개
- 아몬드 9개
- 볶은서리태 1/2줌

1 따뜻한 물에 단백질 초콜릿을 그릇째 담가 중탕해 녹인다.

코코넛오일이 없다면 넣지 않아도 돼요.

2 녹은 초콜릿에 코코넛오일, 카카오닙스, 시나몬가루를 넣고 잘 섞는다.

3 납작한 접시에 유산지를 깔고 초콜릿을 부어 건과일, 각종 견과류를 취향껏 토핑한다.

여름에는 냉장고에서 굳히세요.

4 시원한 곳에서 하루 동안 자연 건조하여 굳히고, 칼로 썰어 소분한 다음, 냉장 보관한다.

PART 7 | DESSERT

허니갈릭
황태스낵

단백질이 풍부한 황태로 겉은 바삭하고 속은 부드러운
허니갈릭황태스낵을 만들었어요. 다이어트 하면서 입이 심심할 때 먹으면 딱이에요.
레시피는 간단하지만 사 먹는 황태스낵보다 훨씬 건강하고 맛도 좋아요.
조금씩 소분해서 입이 심심할 때 즐겨요.

- INGREDIENTS

- 7회 분량
- 황태채 70g
- 저지방우유 2/3컵
- 마늘 50g
- 파슬리가루 2큰술
- 알룰로스 2큰술
  (혹은 꿀)

1 황태채는 가위로 한입 크기로 자른다.

2 믹서에 마늘, 우유를 넣어 갈고, 알룰로스, 파슬리가루를 섞어 허니갈릭소스를 만든다.

3 허니갈릭소스에 황태채를 넣고 버무린다.

마른 팬에 가볍게 볶아도 좋아요.

4 에어프라이어 160℃에 10분, 뒤집어서 5분간 더 굽는다.

5 7회 분량으로 소분해 냉장 보관하고 간식으로 먹는다.

 INDEX   가나다순

ㄱ

가지피자	46
갈릭치즈닭가슴살플레이트	162
검은콩바나나두부셰이크	214
게맛살당근샌드위치	126
고구마바질피자	62
고구마병아리콩수프	94
과일피자	84
구운두부샌드위치	150
굴볶음밥	120
김치낫토달볶	146

ㄴ

| 낫토스트 | 82 |
| 낫토티야 | 182 |

ㄷ

다이어트콩치즈	54
단호박두부유부초밥	118
달걀지단부리토	106
달걀콩비지밥	52
달걀피자	110
닭가슴살김치오트밀리소토	122
닭가슴살라타투이	142
닭가슴살미역초무침	152
닭가슴살아보카도샐러드	144
닭가슴살치즈순두부	56
닭가슴살케사디야	130
닭가슴살콩나물팽이버섯볶음	170

닭가슴살햄	194
두부달걀양파비빔	168
딸기블루베리스무디	215

ㅁ

마늘달걀토스트	92
마늘종베이컨볶음밥	102
망고수란오픈토스트	86
망고스무디볼	205
머그컵에그인헬	64
목살플레이트	136
뮤즐리견과류바	218
문어토마토김치리소토	128

ㅂ

바나나단짠프렌치토스트	78
바나나오트밀쿠키	216
버섯크림프렌치토스트	190
베리베리안심샐러드	148
베이컨치즈오트밀죽	58
병아리콩토마토수프	192
블루베리스무디볼	206
비트스무디볼	208
비트카레	188

ㅅ

새우보리리소토	116
새우아보토스트	96
셀러리파인애플주스	213

소고기가지덮밥	180
시금치닭가슴살전	158
시금치스무디볼	207
시금치양송이닭가슴살수프	80
시금치페스토닭가슴살파스타	108
시나몬바크초콜릿	220

ㅇ

아몬드닭볶음	178
아보카도두부밥	76
애호박당근새우프리타타	140
에그샐러드	160
에그아보카도토스트	74
에그에그샌드위치	100
연근사과스무디	212
연근콩비지리소토	104
연두부아보카도샐러드	154
오징어오이양파샐러드	166
오징어콩나물볶음밥	196
오트밀게맛살찜	68
오트밀닭죽	198
옥수수오트밀전	88

ㅈ

저염김치볶음밥	112
저염두부김치	164
즉석오트밀버섯리소토	176

ㅊ

참치낫토채소밥	90
참치샐러드샌드위치	124
참치스크램블드에그	156
참치채소들깨죽	184
체리베리포리지	66
초간단비트주스	204
초코바나나스무디	211
초코초코포리지	48
치즈달걀프라이	50

ㅋ

컵샐러드	138
콩거트볼	72
크런치치즈카나페	60

ㅌ

토마토당근주스	209
토마토오므라이스	174

ㅍ

파인애플볶음밥	132
파프리카키위주스	210

ㅎ

허니갈릭황태스낵	222
훈제오리버섯볶음밥	186
훈제오리샌드위치	114
흰강낭콩크림수프	200

INDEX

요리별

밥 요리

굴볶음밥	120
마늘종베이컨볶음밥	102
소고기가지덮밥	180
아보카도두부밥	76
오징어콩나물볶음밥	196
저염김치볶음밥	112
참치낫토채소밥	90
토마토오므라이스	174
파인애플볶음밥	132
훈제오리버섯볶음밥	186

토스트&샌드위치&롤

게맛살당근샌드위치	126
구운두부샌드위치	150
낫토스트	82
낫토티야	182
달걀지단부리토	106
마늘달걀토스트	92
망고수란오픈토스트	86
바나나단짠프렌치토스트	78
버섯크림프렌치토스트	190
새우아보토스트	96
에그아보카도토스트	74
에그에그샌드위치	100
참치샐러드샌드위치	124
훈제오리샌드위치	114

리소토&파스타

닭가슴살김치오트밀리소토	122
문어토마토김치리소토	128
새우보리리소토	116
시금치페스토닭가슴살파스타	108
연근콩비지리소토	104
즉석오트밀버섯리소토	176

포리지&죽&수프&카레

고구마병아리콩수프	94
베이컨치즈오트밀죽	58
병아리콩토마토수프	192
비트카레	188
시금치양송이닭가슴살수프	80
오트밀닭죽	198
참치채소들깨죽	184
체리베리포리지	66
초코초코포리지	48
흰강낭콩크림수프	200

피자&전

가지피자	46
고구마바질피자	62
과일피자	84
달걀피자	110
닭가슴살케사디아	130
시금치닭가슴살전	158
옥수수오트밀전	88

샐러드

메뉴	페이지
닭가슴살아보카도샐러드	144
베리베리안심샐러드	148
에그샐러드	160
연두부아보카도샐러드	154
오징어오이양파샐러드	166
컵샐러드	138

간식

메뉴	페이지
망고스무디볼	205
뮤즐리견과류바	218
바나나오트밀쿠키	216
블루베리스무디볼	206
비트스무디볼	208
시금치스무디볼	207
시나몬바크초콜릿	220
콩거트볼	72
크런치치즈카나페	60
허니갈릭황태스낵	222

음료

메뉴	페이지
검은콩바나나두부셰이크	214
딸기블루베리스무디	215
셀러리파인애플주스	213
연근사과스무디	212
초간단비트주스	204
초코바나나스무디	211
토마토당근주스	209
파프리카키위주스	210

그 외 단백질 요리

메뉴	페이지
갈릭치즈닭가슴살플레이트	162
김치낫토달볶	146
다이어트콩치즈	54
단호박두부유부초밥	118
달걀콩비지밥	52
닭가슴살라타투이	142
닭가슴살미역초무침	152
닭가슴살치즈순두부	56
닭가슴살콩나물팽이버섯볶음	170
닭가슴살햄	194
두부달걀양파비빔	168
머그컵에그인헬	64
목살플레이트	136
아몬드닭볶음	178
아보카도두부밥	76
애호박당근새우프리타타	140
오트밀게맛살찜	68
저염두부김치	164
참치스크램블드에그	156
치즈달걀프라이	50

 INDEX   재료별

닭고기
갈릭치즈닭가슴살플레이트	162
낫토야	182
달걀피자	110
닭가슴살김치오트밀리소토	122
닭가슴살라타투이	142
닭가슴살미역초무침	152
닭가슴살아보카도샐러드	144
닭가슴살치즈순두부	56
닭가슴살케사디야	130
닭가슴살콩나물팽이버섯볶음	170
닭가슴살햄	194
베리베리안심샐러드	148
비트카레	188
시금치닭가슴살전	158
시금치양송이닭가슴살수프	80
시금치페스토닭가슴살파스타	108
아몬드닭볶음	178
오트밀닭죽	198
컵샐러드	138

오리고기
훈제오리버섯볶음밥	186
훈제오리샌드위치	114

돼지고기
목살플레이트	136
연근콩비지리소토	104

소고기
소고기가지덮밥	180

참치
참치낫토채소밥	90
참치샐러드샌드위치	124
참치스크램블드에그	156
참치채소들깨죽	184

두부·유부·콩비지
검은콩바나나두부셰이크	214
구운두부샌드위치	150
단호박두부유부초밥	118
달걀콩비지밥	52
닭가슴살치즈순두부	56
두부달걀양파비빔	168
아보카도두부밥	76
연근콩비지리소토	104
연두부아보카도샐러드	154
저염두부김치	164

병아리콩·흰강낭콩
고구마병아리콩수프	94
다이어트콩치즈	54
단호박두부유부초밥	118
닭가슴살아보카도샐러드	144
머그컵에그인헬	64
병아리콩토마토수프	192
훈제오리버섯볶음밥	186
흰강낭콩크림수프	200

달걀
게맛살당근샌드위치	126
굴볶음밥	120
김치낫토달볶	146
다이어트콩치즈	54
달걀지단부리토	106
달걀콩비지밥	52
달걀피자	110
닭가슴살치즈순두부	56
두부달걀양파비빔	168
마늘달걀토스트	92
마늘종베이컨볶음밥	102
망고수란오픈토스트	86
머그컵에그인헬	64
바나나단짠프렌치토스트	78
바나나오트밀쿠키	216
버섯크림프렌치토스트	190
새우아보토스트	96
소고기가지덮밥	180
시금치닭가슴살전	158
아보카도두부밥	76
애호박당근새우프리타타	140
에그샐러드	160
에그아보카도토스트	74
에그에그샌드위치	100
연두부아보카도샐러드	154
오트밀게맛살찜	68

오트밀닭죽	198
옥수수오트밀전	88
저염김치볶음밥	112
참치샐러드샌드위치	124
참치스크램블드에그	156
치즈달걀프라이	50
크런치치즈카나페	60
토마토오므라이스	174
파인애플볶음밥	132

아보카도
구운두부샌드위치	150
닭가슴살아보카도샐러드	144
새우아보토스트	96
아보카도두부밥	76
에그아보카도토스트	74
연두부아보카도샐러드	154
저염김치볶음밥	112
참치샐러드샌드위치	124

고구마
고구마바질피자	62
고구마병아리콩수프	94

단호박
단호박두부유부초밥	118

게맛살
게맛살당근샌드위치	126

낫토스트	82
오트밀게맛살찜	68
옥수수오트밀전	88

낫토
낫토스트	82
낫토티야	182
참치낫토채소밥	90

새우
고구마바질피자	62
새우보리리소토	116
새우아보토스트	96
애호박당근새우프리타타	140
치즈달걀프라이	50
파인애플볶음밥	132

굴·문어·오징어·황태
굴볶음밥	120
문어토마토김치리소토	128
오징어오이양파샐러드	166
오징어콩나물볶음밥	196
허니갈릭황태스낵	222

비트
비트스무디볼	208
비트카레	188
초간단비트주스	204

시금치
시금치닭가슴살전	158
시금치스무디볼	207
시금치양송이닭가슴살수프	80
시금치페스토닭가슴살파스타	108

오트밀
닭가슴살김치오트밀리소토	122
바나나오트밀쿠키	216
베이컨치즈오트밀죽	58
오트밀게맛살찜	68
오트밀닭죽	198
옥수수오트밀전	88
즉석오트밀버섯리소토	176
체리베리포리지	66
초코초코포리지	48

잡곡밥·귀리밥
굴볶음밥	120
달걀지단부리토	106
마늘종베이컨볶음밥	102
문어토마토김치리소토	128
비트카레	188
새우보리리소토	116
소고기가지덮밥	180
아보카도두부밥	76
연근콩비지리소토	104
오징어콩나물볶음밥	196
저염김치볶음밥	112

참치낫토채소밥	90
참치채소들깨죽	184
토마토오므라이스	174
파인애플볶음밥	132
훈제오리버섯볶음밥	186

통밀식빵·호밀빵

게맛살당근샌드위치	126
낫토스트	82
마늘달걀토스트	92
망고수란오픈토스트	86
머그컵에그인헬	64
바나나단짠프렌치토스트	78
버섯크림프렌치토스트	190
새우아보토스트	96
에그아보카도토스트	74
에그에그샌드위치	100
참치샐러드샌드위치	124
훈제오리샌드위치	114

각종 치즈

가지피자	46
갈릭치즈닭가슴살플레이트	162
게맛살당근샌드위치	126
고구마바질피자	62
고구마병아리콩수프	94
낫토스트	82
낫토티야	182
다이어트콩치즈	54
달걀피자	110
닭가슴살라타투이	142
닭가슴살치즈순두부	56

닭가슴살케사디야	130
닭가슴살햄	194
마늘달걀토스트	92
망고수란오픈토스트	86
머그컵에그인헬	64
문어토마토김치리소토	128
바나나단짠프렌치토스트	78
버섯크림프렌치토스트	190
베이컨치즈오트밀죽	58
새우보리리소토	116
시금치양송이닭가슴살수프	80
시금치페스토닭가슴살파스타	108
애호박당근새우프리타타	140
연근콩비지리소토	104
오징어오이양파샐러드	166
오트밀게맛살찜	68
즉석오트밀버섯리소토	176
치즈달걀프라이	50
크런치치즈카나페	60
훈제오리샌드위치	114
흰강낭콩크림수프	200

바나나

검은콩바나나두부셰이크	214
과일피자	84
망고스무디볼	205
바나나단짠프렌치토스트	78
바나나오트밀쿠키	216
블루베리스무디볼	206
시금치스무디볼	207
체리베리포리지	66
초코바나나스무디	211

초코초코포리지	48
콩거트볼	72

토마토

가지피자	46
갈릭치즈닭가슴살플레이트	162
고구마바질피자	62
과일피자	84
구운두부샌드위치	150
김치낫토달볶	146
달걀지단부리토	106
닭가슴살라타투이	142
머그컵에그인헬	64
목살플레이트	136
문어토마토김치리소토	128
병아리콩토마토수프	192
에그아보카도토스트	74
연두부아보카도샐러드	154
오징어오이양파샐러드	166
컵샐러드	138
크런치치즈카나페	60
토마토당근주스	209

통밀토르티야&파스타

과일피자	84
낫토티야	182
닭가슴살케사디야	130
시금치페스토닭가슴살파스타	108

각종 과일

과일피자	84
딸기블루베리스무디	215

망고수란오픈토스트	86
망고스무디볼	205
블루베리스무디볼	206
비트스무디볼	208
셀러리파인애플주스	213
시금치스무디볼	207
연근사과스무디	212
체리베리포리지	66
초코초코포리지	48
콩거트볼	72
파프리카키위주스	210

무가당코코아가루(초코맛)

바나나오트밀쿠키	216
시나몬바크초콜릿	220
초코바나나스무디	211
초코초코포리지	48

식단표

요리 생초보를 위한
쉽고 맛있는 다이어트 입문 7일 식단표

요리라고는 라면밖에 끓일 줄 몰라 막막하다고요? 걱정 마세요. 건강한 재료로 라면보다 더 쉽고 맛있는 레시피를 알려드려요. 주로 전자레인지를 활용한 초간단 식단을 따라 하면 일주일만에 몸도 마음도 가벼워져요.

	아침	점심	저녁
1일차	콩거트볼 72쪽	오트밀게맛살찜 68쪽	치즈달걀프라이 50쪽
2일차	고구마바질피자 62쪽	머그컵에그인헬 64쪽	달걀콩비지밥 52쪽
3일차	베이컨치즈오트밀죽 58쪽	아보카도두부밥 76쪽	닭가슴살치즈순두부 56쪽
4일차	초코초코포리지 48쪽	저염김치볶음밥 112쪽	다이어트콩치즈 54쪽
5일차	가지피자 46쪽	닭가슴살김치오트밀리소토 122쪽	에그샐러드 160쪽
6일차	바나나단짠프렌치토스트 78쪽	닭가슴살케사디야 130쪽	두부달걀양파비빔 168쪽
7일차	과일피자 84쪽	자유식	저염두부김치 164쪽

식단표

변비 타파!
황금똥을 위한 7일 식단표

다이어터라면 누구나 겪는 변비와의 전쟁을 식단으로 해결할 수 있어요.
변비가 해결되면 물론 살도 쑥쑥, 붓기도 쏙쏙 빠진답니다.
7일 식단 동안 물도 충분히 마셔주세요.

	아침	점심	저녁
1일차	초간단비트주스 204쪽	비트카레 188쪽	닭가슴살미역초무침 152쪽
2일차	비트카레 188쪽	새우보리리소토 116쪽	연두부아보카도샐러드 154쪽
3일차	비트스무디볼 208쪽	비트카레 188쪽	김치낫토달볶 146쪽
4일차	비트카레 188쪽	단호박두부유부초밥 118쪽	닭가슴살콩나물팽이버섯볶음 170쪽
5일차	비트스무디볼 208쪽	비트카레 188쪽	닭가슴살아보카도샐러드 144쪽
6일차	셀러리파인애플주스 213쪽	연근콩비지리소토 104쪽	오징어오이양파샐러드 166쪽
7일차	연근사과스무디 212쪽	자유식	두부달걀양파비빔 168쪽

식단표

확실하게 살 빠지는 생리주기
14일 식단표

몸이 가장 무거운 생리 시작 2~3일 전부터 신체대사가 좋아져
살이 가장 잘 빠지는 생리 후 황금기까지, 생리주기를 이용해 똑똑하게 다이어트를 해봐요.

	아침	점심	저녁
1일차	바나나단짠프렌치토스트 78쪽	훈제오리버섯볶음밥 186쪽	에그샐러드 160쪽
2일차	초코초코포리지 48쪽	닭가슴살치즈순두부 56쪽	애호박당근새우프리타타 140쪽
3일차	망고스무디볼 205쪽	훈제오리버섯볶음밥 186쪽	가지피자 46쪽
4일차 생리시작	체리베리포리지 66쪽	굴볶음밥 120쪽	닭가슴살미역초무침 152쪽
5일차	훈제오리샌드위치 1/2 114쪽	훈제오리샌드위치 1/2 114쪽	목살플레이트 136쪽
6일차	베이컨치즈오트밀죽 58쪽	문어토마토김치리소토 128쪽	닭가슴살미역초무침 152쪽
7일차	아보카도두부밥 76쪽	훈제오리버섯볶음밥 186쪽	갈릭치즈닭가슴살플레이트 162쪽

	아침	점심	저녁
8일차 황금기시작	비트스무디볼 208쪽	닭가슴살김치오트밀리소토 122쪽	두부달걀양파비빔 168쪽
9일차	콩거트볼 72쪽	훈제오리버섯볶음밥 186쪽	저염두부김치 164쪽
10일차	검은콩바나나두부셰이크 214쪽	닭가슴살치즈순두부 56쪽	저염두부김치 164쪽
11일차	연근사과스무디 212쪽	훈제오리버섯볶음밥 186쪽	닭가슴살콩나물팽이버섯볶음 170쪽
12일차	낫토스트 82쪽	달걀지단부리토 106쪽	달걀콩비지밥 52쪽
13일차	연근사과스무디 212쪽	닭가슴살김치오트밀리소토 122쪽	참치스크램블드에그 156쪽
14일차	비트스무디볼 208쪽	달걀피자 110쪽	김치낫토달볶 146쪽

식단표

바쁜 직장인&학생을 위한
현실적인 밀프렙 14일 식단표

매일 도시락 싸고 다이어트 음식 챙기는 것도 바쁜 우리에게 밀프렙이란 정말 고마운 존재예요. 주말에 간단한 밀프렙을 미리 만들어두고 바쁜 일상에서 편하게 다이어트 해봐요.

	아침	점심	저녁
1일차	베이컨치즈오트밀죽 58쪽	오트밀닭죽 198쪽	아몬드닭볶음 178쪽
2일차	오트밀닭죽 198쪽	버섯크림프렌치토스트 190쪽	김치낫토달볶 146쪽
3일차	콩거트볼 72쪽	오트밀닭죽 198쪽	아몬드닭볶음 178쪽
4일차	머그컵에그인헬 64쪽	오트밀게맛살찜 68쪽	닭가슴살콩나물팽이버섯볶음 170쪽
5일차	오트밀닭죽 198쪽	버섯크림프렌치토스트 190쪽	아몬드닭볶음 178쪽
6일차	토마토당근주스 209쪽	자유식	두부달걀양파비빔 168쪽
7일차	파프리카키위주스 210쪽	자유식	닭가슴살미역초무침 152쪽

	아침	점심	저녁
8일차	셀러리파인애플주스 213쪽	오트밀닭죽 198쪽	아몬드닭볶음 178쪽
9일차	오트밀게맛살찜 68쪽	파인애플볶음밥 132쪽	흰강낭콩크림수프 200쪽
10일차	흰강낭콩크림수프 200쪽	버섯크림프렌치토스트 190쪽	아몬드닭볶음 178쪽
11일차	버섯크림프렌치토스트 190쪽	닭가슴살김치오트밀리소토 122쪽	흰강낭콩크림수프 200쪽
12일차	흰강낭콩크림수프 200쪽	버섯크림프렌치토스트 190쪽	참치스크램블드에그 156쪽
13일차	연근사과스무디 212쪽	자유식	흰강낭콩크림수프 200쪽
14일차	셀러리파인애플주스 213쪽	자유식	시금치닭가슴살전 158쪽

다이어트는
나 자신을 사랑하기 위한 방법 중 하나예요.
오늘보다 멋져질 내일의 나를 위해
노력하는 여러분을 응원합니다!

이 자리의 주인공은
당신이에요!

더 쉽고 더 맛있게
고단백 저탄수화물 다이어트 레시피

초판 1쇄 발행 2019년 5월 20일　초판 13쇄 발행 2022년 9월 7일

지은이 미니 박지우
펴낸이 이승현

편집1 본부장 한수미
와이즈 팀장 장보라
디자인 렐리시

펴낸곳 ㈜위즈덤하우스　**출판등록** 2000년 5월 23일 제13-1071호
주소 서울특별시 마포구 양화로 19 합정오피스빌딩 17층
전화 02) 2179-5600　**홈페이지** www.wisdomhouse.co.kr

ⓒ 박지우, 2019

ISBN 979-11-90065-70-2　13590

* 이 책의 전부 또는 일부 내용을 재사용하려면 반드시 사전에 저작권자와
㈜위즈덤하우스의 동의를 받아야 합니다.
* 인쇄·제작 및 유통상의 파본 도서는 구입하신 서점에서 바꿔드립니다.
* 책값은 뒤표지에 있습니다.